電子申告義務化への実務対応

シンプルで効率的な電子申告のすすめ方

共著：TKC全国会 中堅・大企業支援研究会
税理士・公認会計士 **中野伸也**
税理士・公認会計士 **妙中茂樹**
税理士 **畑中孝介**

TKC出版

はじめに

　近年、経済活動においてIT化、電子化の流れはますます強まっています。企業は言うまでもなく、行政においても電子化の対応とともに行政手続の簡素化、行政コスト削減が重要課題となっています。

　税務手続においても、平成16年から開始された法人税申告における電子申告の割合は平成27年度には75%を超える状況になりました。

　しかし、大企業を中心に電子申告をしていない法人も数多くあり、「電子申告と書面申告の併存」が行政の効率化の阻害化要因となっていることから、平成30年度税制改正大綱において、大企業に関しては電子申告がいよいよ義務化され、「書面申告は無申告とみなす」という大きな制度変更が行われることになりました。

　平成30年度税制改正大綱においては「経済社会のICT化や働き方の多様化が進展する中、税務手続においても、ICTの活用を推進し、全ての納税者が簡便・正確に申告等を行うことができる利便性の高い納税環境を整備するとともに、データの円滑な利用を進めることにより、社会全体のコスト削減及び企業の生産性向上を図ることが重要である」とされ、電子申告等への対応に数多くのページが割かれています。

　大企業の電子申告の義務化のみならず、年末調整控除書類の電子化、電子レシートへの対応、地方税の電子納税への対応など、税務データの電子化に対する改正が数多くなされ、「代表者の電子証明書の取得」「決算書・勘定科目内訳明細書のファイル形式の限定」「添付ファイルの送信容量」など阻害要因となっていた諸課題も改善されています。

　電子申告の"義務化"という言葉に象徴されるように、企業にとっては負担増ととらえる向きもあるかと思いますが、電子申告を先行して実施している企業の中には、逆に作業の効率化によるメリットを享受している企業も数多くあります。本書では、電子申告の義務化への対応のみならず、「電子申告を実施することはデメリットばかりでなく、デメリットを上回る効率化メリットがある」との観点をもう一つのテーマとして掲げ、電子申告による経理作業・申告作業の効率化というメリットについても多くのページを割いています。

今後、効率的な電子政府への取組の中で、税務においても電子データのやり取りが当たり前の時代になりつつあり、電子申告、電子帳簿、電子データ保存の方向へと進んでいくものと思われます。

　企業の経営者や税務担当者の方には、受け身の姿勢で対応するのではなく、申告の効率化・精度の向上・生産性の向上というメリットが多くあることを理解していただき、先行して積極的に取り組んでいただければ幸いです。電子申告に積極的に取り組み、生産性の向上につなげる会社が一社でも増えれば、著者一同これに勝る喜びはありません。

　最後になりましたが、本書の執筆に当たり、企画や資料提供・編集にご協力いただいた株式会社TKCの富永倫教、TKC出版の大石茂、柿崎法夫、鈴木芽久美の各位には厚く御礼申し上げます。

税理士・公認会計士　中野伸也
税理士・公認会計士　妙中茂樹
税理士　畑中孝介

第 I 章

電子申告に関する現状と今後の方向性

1. 電子申告に関する動向 ……………………………………… 2
2. 規制改革における電子申告の位置付け …………………… 10
3. 平成30年度税制改正における電子申告関係の改正 ……… 12
4. 諸外国における電子申告の推進状況 ……………………… 17
5. 今後の税務行政の取組の方向性 …………………………… 23

第 II 章

電子申告導入の効果

1. 電子申告の主なメリット …………………………………… 30
2. 導入事例に見る電子申告のメリット ……………………… 32
   - 導入事例1　青山商事株式会社 ………………………… 32
     〜1週間程度の作業効率化が実現〜
   - 導入事例2　株式会社伊藤園 …………………………… 37
     〜電子申告・作業量が4分の1に〜
   - 導入事例3　グンゼ株式会社 …………………………… 40
     〜業務が標準化し、残業時間が半減〜

第Ⅲ章

電子申告（e-Tax・eLTAX）の概要

1. 電子申告制度の沿革と利用状況 …………………………… 44

2. 電子申告ができる者 ……………………………………… 49

3. 電子申告ができる手続き ………………………………… 50

4. 電子申告の利用可能時間 ………………………………… 52

5. 電子納税の方法 …………………………………………… 53

6. 電子申告実施にあたり必要なもの ……………………… 56

7. 代理送信 …………………………………………………… 57

8. 添付書類 …………………………………………………… 58

9. e-Tax等利用のためのソフトウエア …………………… 60

10. その他 ……………………………………………………… 61

11. e-Taxシステムの利用の流れ …………………………… 62

12. eLTAXシステムの利用の流れ …………………………… 65

第IV章

初めての電子申告の手続き

1. 初めての電子申告に必要な手続き ………………………… 68
2. 電子申告の準備 …………………………………………… 69
3. 電子申告の開始手続 ……………………………………… 73
4. 電子申告 …………………………………………………… 82
5. 電子納税 …………………………………………………… 85

第V章

年末調整・法定調書の電子申告等の動向

1. 現行制度の概要 …………………………………………… 90
2. 平成30年度税制改正による年末調整等の電子化の動向
   ………………………………………………………………… 94

■資　料
1. 行政手続部会取りまとめ～行政手続コストの削減に向けて～
　　（規制改革推進会議 行政手続部会、平成29年3月29日）………………… 100
2. 「行政手続コスト」削減のための基本計画（財務省、平成29年6月30日）…… 124
3. 「行政手続コスト」削減のための基本計画（総務省、平成29年6月30日）…… 139
4. 平成30年度税制改正大綱（閣議決定、平成29年12月22日）一部抜粋 ……… 145

第Ⅰ章

電子申告に関する現状と今後の方向性

　第Ⅰ章では電子申告に関する動向について、単なる時系列の整理ではなく、規制改革や行政の動きなども含めて全体の流れを整理しています。その流れの中で平成30年度税制改正がどのような意味を持つのか、そして法人税だけでなく所得税や年末調整関係など税制改正全体の流れを解説します。
　また、電子申告・電子政府は世界的な流れであり、行政においても電子化への対応とともに行政手続の簡素化、行政コスト削減が重要課題となる中で、今後電子申告や電子帳簿など税務全体がどうなっていくのか、その方向性についても触れたいと思います。

① 電子申告に関する動向

① わが国における電子申告の進展

　平成30年度税制改正大綱の特徴は、大企業の電子申告の義務化、年末調整控除書類の電子化、電子インボイスへの対応、地方税の電子納税への対応など、税務データの電子化に対する改正が数多くなされたことです。

　また、大法人の電子申告の義務化にあたっては、<u>紙での申告は無申告とみなす</u>など、行政の強い姿勢が打ち出されています。

　今後、効率的な電子政府への取組の中で税務においても電子データのやり取りが当たり前の時代になりつつあり、電子申告、電子帳簿、電子データ保存に向かって一気に進んでいくものと思われます。

② 電子申告の進展と現状

　税務手続の電子化に関しては、平成10年の「電子帳簿保存法の制定」、平成15年の「電子申告の開始」など、徐々にではありますが進展してきました。

　電子申告を例に取ると、平成16年2月に、名古屋国税局管内の納税者を対象にスタートした国税庁の「国税電子申告・納税システム（e-Tax：イータックス）」（以下「国税e-Tax」）は、その後、順次対象地域・対象手続を拡大してきたものの、平成19年度では約20％、平成27年度では約50％（所得税）など、まだ浸透したとは言い切れません。特に法人税の申告において、中小法人は税理士による代理送信などにより75％を超える法人が電子申告をしているものの、大法人は52％にとどまり、なおかつ一部の税目のみを電子申告するだけの法人も多く、普及がかなり遅れており、税務行政効率化の支障となっているようです。

図表1-1　税務手続等の電子化・簡素化

施行開始	手続の電子化	帳簿書類の電子化	手続等の簡素化
平成10年		・電子帳簿保存制度の導入	
平成15年	・電子申告、電子納税の導入		
平成17年	・法定調書の提出方法の拡充（光ディスクによる提出を可能とする）	・スキャナ保存制度の導入（取引の相手方から受け取った一定の書類の電子保存を可能とする）	
平成19年	・電子申告における電子証明書省略(税理士等の代理送信における本人の電子署名省略) ・扶養控除等申告書の電子提出の導入		
平成20年	・源泉徴収票等の電子交付の導入 ・電子申告における第三者作成書類の添付省略(例　源泉徴収票、医療費の領収書等)		・コンビニ納付の導入
平成21年	・電子納税へのダイレクト納付の導入		
平成23年			・年金所得者の確定申告不要制度の導入
平成26年	・法定調書の光ディスク等による提出義務化（前々年に1,000枚以上提出の法定調書を対象）		
平成27年		・スキャナ保存制度の対象拡大・要件の見直し(全ての書類の電子保存を可能とする等)	・金融機関に対する取引照会の様式統一等
平成28年	・電子申告における添付書類の提出方法の拡充（イメージデータ等による提出可能）	・スキャナ保存制度の要件緩和（スマホ等による読取り を可能とする等）	・マイナンバー記載の対象書類の見直し
平成29年			・クレジットカード納付導入 ・源泉徴収票・給与支払報告書の電子的提出の一元化 ・法人設立届出等の添付書類削減 ・異動届出書等の提出先の一元化
平成30年	・確定申告書に添付可能な証明書等の範囲の拡充（電子的に交付された保険料控除証明書等のうち一定のもの） ・電子申告におけるマイナポータルとの連動（医療保険者からの医療費通知データを電子申告に活用可能）		

【オンライン（e-Tax）利用率】

	（H19年度）		（H27年度）
○所得税申告書	18.4%	→	52.1%
○法人税申告書	19.6%	→	75.4%
（うち大法人等）	4.8%	→	52.1%

【電子帳簿保存の承認件数】

	（H20.6末）		（H28.6末）
○帳簿書類の電磁的記録による保存等	9.0万件	→	17.7万件
○書類のスキャナ保存	33件	→	380件

出典：財務省「第10回投資等ワーキング・グループ 説明資料」平成29年3月13日

図表1-2 税務手続の流れ(イメージ)

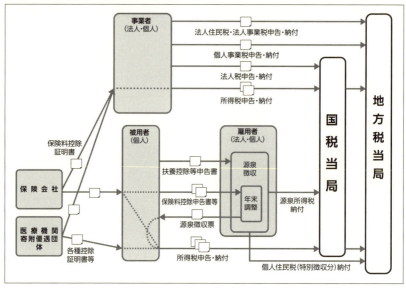

出典:財務省「第10回投資等ワーキング・グループ 説明資料」平成29年3月13日

図表1-3 e-Tax(国税電子申告・納税システム)の利用状況

○e-Taxは、所得税、法人税、消費税等の申告や法定調書・申請・届出の提出といった各種手続をインターネットを通じて行うシステム。納税も、電子納税(ダイレクト納付)やインターネットバンキング等を通じて行うことが可能。
○e-Taxは、納税者の利便性向上、行政事務の効率化に資するものであり、e-Taxの普及に向け利便性向上策を推進。

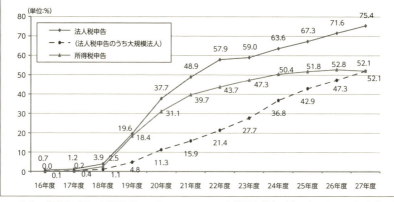

出典:財務省「第10回投資等ワーキング・グループ 説明資料」平成29年3月13日(一部抜粋)

③ 電子帳簿等の進展とスキャナ保存の現状

電子帳簿保存については、平成10年に電子帳簿等の保存制度が開始され、平成17年にはスキャナ保存制度が追加されましたが、要件が厳格過ぎたために利用企業が少なく、ほとんど進展していませんでした。その後、政府の規制改革会議において議論された結果、スキャナ保存制度は平成27年度に要件が大幅に緩和されました。しかし、利用件数は平成28年6月時点で電子帳簿等保存制度が17.7万社、スキャナ保存に至っては380件と、ごく限られた法人しか取り組んでいない現状があります。

図表1-4 電子帳簿等とスキャナ保存

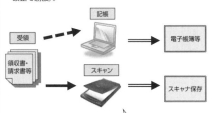

出典：財務省「第12回税制調査会 説明資料」平成29年10月16日（一部改変）

図表1-5 電子帳簿等保存制度の利用状況

○ 電子帳簿等保存制度の利用件数は堅調に増加しているが、伸びしろは依然大きい。
○ 電子帳簿等保存制度の創設から約20年が経過し、経済社会のICT環境が大きく変化する中、引き続き適正・公平な課税を確保しつつ、社会におけるデータ活用及び納税者の文書保存に係る負担軽減を図る観点から、制度の利用促進のための方策について検討を行うことが考えられるのではないか。

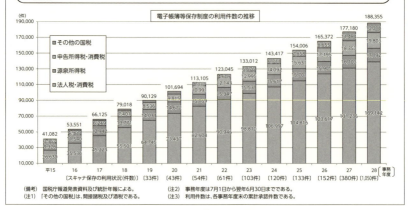

出典:財務省「第12回税制調査会 説明資料」平成29年10月16日

④ 電子納税の進展と現状

（1）国税に関する電子納税

　国税における電子納税は、ダイレクト納付とインターネットバンキング等を利用した納付の2種類があります。

　既に全税目が対象となっており、平成27年度の個人・法人の申告件数合計1,350万件（個人約1,000万件、法人約350万件）に対し、国税e-Taxによる納税手続が440万件であり、約3割が電子納税手続を使用しているものと推測されます（国税庁「平成27年度におけるe-Taxの利用状況等について」）。

図表1-6　国税の電子納税の概要

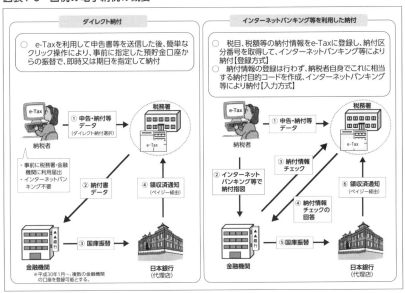

出典：財務省「第12回税制調査会 参考資料」平成29年10月16日（一部改変）

（2）地方税に関する電子納税

一方、地方税において法人向けの電子納税に対応しているのは、現状では22団体（12都県・10市町〈平成30年2月6日現在〉）しかなく、法人向けの電子納税はほぼ使われていない状況です。今後、全地方公共団体に一括で納付できる共通電子納税システム（共同収納）が導入される予定となっています（図表1-8）。

図表1-7　地方税の電子申告・電子納税を巡る状況

電子申告
- 全ての地方団体に対して、法人関係税等の電子申告が可能
- 電子申告利用率60.9%（H28年度・法人道府県民税）

企業が行う電子申告による申告件数（下段は利用率）

	平成23年度	平成28年度
法人道府県民税・法人事業税	148万件 (39.6%)	245万件 (60.9%)
法人市町村民税	123万件 (31.7%)	261万件 (62.0%)
個人住民税（給与支払報告書）	682万件 (9.0%)	3,125万件 (38.0%)
固定資産税（償却資産）	30万件 (9.3%)	93万件 (26.7%)
事業所税	1万件 (4.2%)	2万件 (13.1%)

電子納税
- 個人向けの収納手段は、電子納税含め多様化
- 法人向けの電子納税に対応しているのは、22団体（12都県・10市町）

地方税における各収納手段の導入・利用状況（都道府県、市区町村計）

（上段は対応団体数、下段は利用件数）

	平成24年度	平成28年度	
口座振替	1,779団体 1億2,627万件	1,783団体 1億3,388万件	個人向け中心
コンビニ収納	876団体 6,477万件	1,174団体 9,655万件	
クレジットカード納付	67団体 30万件	192団体 170万件	
電子納税（ペイジー） eLTAX®非連動型	56団体 703万件	81団体 999万件	法人向け中心
eLTAX®連動型	13団体 1万件	22団体 3万件	

※eLTAX（エルタックス）：地方税ポータルシステム
注）平成28年度の数値については精査中であり、今後変わることがある。

出典：総務省「第12回税制調査会 説明資料」平成29年10月16日（一部改変）

図表1-8 共通電子納税システム（共同収納）のイメージ

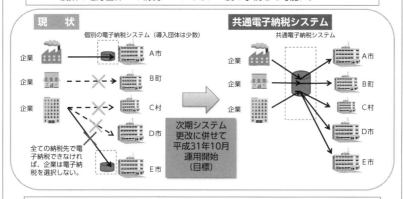

出典：総務省「第12回税制調査会 説明資料」平成29年10月16日

なお、納税者の利便性向上のため、「「行政手続コスト」削減のための基本計画」（地方税分野、平成29年6月30日公表）に沿って、以下のような取組が検討されています。

〈地方税の電子申請・電子申告に関する利便性向上について〉
総務省「第12回税制調査会 説明資料」平成29年10月16日

① 複数地方団体への法人設立届出書等の電子的提出の一元化【平成31年9月実施予定】
 ・複数地方団体へ同一内容の法人設立届出書等を電子的に提出する際に、電子的提出の一元化を可能とする。
 ・また、その提出の際に必要となる各地方団体への電子署名について、一括付与を可能とする。
② 地方団体間の地方法人二税の共通入力事務の重複排除【平成31年9月実施予定】
 ・複数地方団体へ地方法人二税の電子申告を行う際に、共通項目を一括で入力し、その後に個別項目を入力することで地方団体間の共通入力事務の重複排除を可能とする。
 ・また、その申告の際に必要となる各地方団体への電子署名について、一括付与を可能とする。
③ eLTAX受付時間のさらなる拡大について検討【順次検討】
 ・eLTAXの受付時間について、給与支払報告書の提出期間、所得税確定申告期間及び地方法人二税申告集中期間については土日も含み、8:30から24:00まで運用するなど順次拡大を図っているところ、さらなる拡大について費用対効果や地方団体の意向等を踏まえて検討する。
④ その他
 ・異動届出書提出時の利用者情報への自動反映【平成31年9月実施予定】
 ・利用可能文字の拡大【平成31年9月実施予定】
 ・利用満足度に係るアンケートを実施

規制改革における電子申告の位置付け

電子申告は「日本再興戦略2016」(平成28年6月2日閣議決定)において、規制改革、行政手続の簡素化、IT化を一体的に進め、重点分野の選定と行政手続コスト削減目標といった計画として位置付けられています。

① 規制改革会議での議論

具体的には、規制改革推進会議行政手続部会の中で議論がなされ、平成29年3月29日に「行政手続部会取りまとめ～行政手続コストの削減に向けて～」として報告書が出されています(本書資料編1参照)。下記に、その要点を整理します。

①行政手続簡素化の原則

「行政手続簡素化の3原則」として、
- ・行政手続の電子化の徹底(デジタルファースト原則)
- ・同じ情報は一度だけの原則(ワンスオンリー原則)
- ・書式・様式の統一

以上の3原則が掲げられ、同一省内・同一地方公共団体のみならず、各団体間、国と地方をまたいだ取組が求められています。

②事業者(利用者)の要望

事業者アンケートにおいては下記のような結果が出ており、それに留意した取組を行うことになっています。
- ・手続期間(処理期間)が長い・事前に分からない
- ・審査判断基準が分かりにくい
- ・審査の進捗状況が分からない
- ・資料要求の根拠が不明確

③取組対象機関
- ・国の行政機関
- ・独立行政法人、特殊法人、認可法人、指定法人
- ・地方公共団体

④取組対象
- ・申請届出
- ・調査統計協力
- ・手数料・税の納付
- ・書類の作成・保存・表示義務
- ・本人確認義務　等

⑤対象分野

　対象分野は全部で28項目ありますが、そのうち電子申告に関しては「国税」「地方税」「従業員の納税に係る事務」が掲げられています。

図表1-9　規制改革推進に関する第1次答申（平成29年5月23日規制改革推進会議）
　　　　　　［電子申告関係部分］

Ⅱ　行政手続コストの削減に向けて

3. 今後の取組

　(前略)各府省は、行政手続簡素化の3原則（「行政手続の電子化の徹底」、「同じ情報は一度だけの原則」、「書式・様式の統一」）を踏まえ、行政手続コストを2020年までに20%削減すること等を内容とする行政手続部会取りまとめに沿って、積極的かつ着実に行政手続コストの削減に向けた取組を進める。

規制改革会議行政手続部会取りまとめ（平成29年3月29日 規制改革推進会議行政手続部会）[抄]

2. 重点分野

【取組の内容】　重点分野は以下の9分野とする。

①営業の許可・認可に係る手続 　　　　　　　　　　（各省庁に共通する手続）	⑥調査・統計に対する協力 　　　　　　　　　　（各省庁に共通する手続）
②社会保険に関する手続（個別分野の手続） ③国税　　　　　　　　（個別分野の手続） ④地方税　　　　　　　（個別分野の手続） ⑤補助金の手続　　（各省庁に共通する手続）	⑦従業員の労務管理に関する手続 　　　　　　　　　　　（個別分野の手続） ⑧商業登記等　　　　（個別分野の手続） ⑨従業員からの請求に基づく 　各種証明書類の発行　（個別分野の手続）

　なお、「従業員の納税に係る事務」については、規制改革推進会議（投資等ワーキンググループ）において、社会全体の行政手続コストの削減に向けた検討を別途行う。また、「行政への入札・契約に関する手続」については、行政手続部会において、別途検討を行う。

(注1)「国税」については、次の事情を踏まえ、削減目標とは別途の数値目標等を定める。

1. 「国税」については、以下の点に留意する必要がある。
　①我が国では、多くの諸外国と異なり、税務訴訟における立証責任が、通常、課税当局側にあるとされていること。
　②消費税軽減税率制度・インボイス制度の実施、国際的租税回避への対応等に伴い、今後、事業者の事務負担の大幅な増加が不可避であること。
2. 諸外国の税分野における行政手続コスト削減の要因は明確ではないが、少なくとも電子申告の利用率の大幅な向上が寄与していると考えられることに鑑み、次の数値目標を設定する。
　①電子申告の義務化が実現されることを前提として、大法人の法人税・消費税の申告について、電子申告(e-Tax)の利用率100%。
　②中小法人の法人税・消費税の申告について、電子申告(e-Tax)の利用率85%以上。なお、将来的に電子申告の義務化が実現されることを前提として、電子申告(e-Tax)の利用率100%。
3. 手続の電子化、簡素化等により、事業者の負担感減少に向けた取組を進める。
　①電子納税の一層の推進
　②e-Taxの使い勝手の大幅改善（利用満足度に係るアンケートを実施し、取り組む）
　③地方税との情報連携の徹底（法人設立届出書等の電子的提出の一元化、電子申告における共通入力事務の重複排除等）

3. 削減目標
　(3) 取組期間
　【取組の内容】　取組期間は、3年とする（平成31年度まで）。ただし、事項によっては5年まで許容する（平成33年度まで）。

　(4) 削減目標
　【取組の内容】　削減目標は、削減率20%とする。

出典：財務省「第12回税制調査会 説明資料」平成29年10月16日

平成30年度税制改正における電子申告関係の改正

① 平成30年度税制改正における税務手続電子化に関する基本的考え方

平成30年度税制改正大綱において、平成30年度税制改正の基本的考え方として、「6 円滑・適正な納税のための環境整備 (1) 税務手続の電子化等の推進」に以下の記載があります。

> 　経済社会のICT化や働き方の多様化が進展する中、税務手続においても、ICTの活用を推進し、全ての納税者が簡便・正確に申告等を行うことができる利便性の高い納税環境を整備するとともに、データの円滑な利用を進めることにより、社会全体のコスト削減及び企業の生産性向上を図ることが重要である。
> 　このため、法人税等に係る申告データを円滑に電子提出できるよう環境整備を進めるとともに、大法人については法人税等の電子申告を義務化する。法定調書や所得税の年末調整手続についても、一層の電子化に向けた措置を講ずる。
> 　また、地方税の電子納税について、安全かつ安定的な運営を担保するために必要な措置を講じつつ、全地方公共団体が共同で収納を行う仕組みを整備する。
> 　税務手続の電子化等の推進については、今後も、適正課税の観点も踏まえつつ、経済社会のICT化等の進展に遅れることなく対応を進めていく。（以下略）

今後、電子申告にとどまらず、税務手続全体（申告・届出・納税・書類保存を含む）が広範に電子化されるものと推測されます。

図表1-10　2020年度の電子申告義務化に対応するスケジュール（3月決算企業の場合）

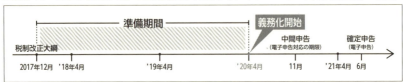

「平成30年度税制改正大綱」を基に作成

② 電子申告における利用阻害要因

電子申告において、利用を阻害する要因として、下記のようなものが挙げられています。

図表1-11　e-Taxを利用していない理由（アンケート結果）

○ e-Taxを利用しない（又は利用をやめた）理由として、多くの納税者から以下の2点が挙げられている。

　①電子的な提出が困難で、書面提出になる添付書類がある。
　②電子証明書やICカードリーダライタの取得に費用や手間がかかる。

（注）その他、別目的で書面が必要、セキュリティ上の不安など、税務手続以外の理由が挙げられることも多い。

個　人

順位	理由	割合(%)
1	ICカードリーダライタの取得に費用や手間がかかるから	34.1
2	電子証明書の取得（更新）に費用や手間がかかるから	32.2
3	セキュリティに不安がありインターネットを利用したオンライン申請に抵抗があるから	7.4
4	添付書類の一部について、別途、提出する必要があるから	6.0
5	税務署で申告の内容を確認したいから	4.6

（注1）当該設問に対する回答者数は90,688人。複数回答可。
（注2）アンケートの回答者には個人の納税者以外（税理士等、法人）も含まれるが、その数は僅か（約2%）。
（出所）国税電子申告・納税システム（e-Tax）の利用に関するアンケートの実施結果について（平成29年8月）

法　人

順位	理由	割合(%)
1	社内での決裁・閲覧、金融機関への写しの提出などに書面の申告書が必要であることから、e-Taxを利用する必要性が感じられない	38.1
2	書面提出する添付書類があり、e-Tax送信分と書面提出分に分けて作業するのが煩雑である	32.0
3	税務署が近いため、e-Taxを利用する必要性が感じられない	22.3
4	電子証明書の取得に費用がかかる	21.5
5	e-Tax導入までの手続きが煩雑である又はよくわからない（初期設定、電子証明書の取得等）	20.5

（注）当該設問に対する回答法人数は2,698社。複数回答可。
（出所）平成26事務年度に東京国税局が同局調査部所管法人（原則、資本金が1億円以上の法人）を対象として実施したアンケート結果の取りまとめ

出典：財務省「第12回税制調査会 説明資料」平成29年10月16日

③ 平成30年度税制改正において改正予定の電子申告関係項目

　平成30年度税制改正において、改正が予定されている電子申告関係項目は下記のとおりです。前頁(図表1-11)の阻害要因に対し、電子申告義務化に向けて納税者の利便性を考慮した改正が行われています。

　特に本書16ページ⑤「電子申告・申請等について、役員従業員の電子署名・証明書がある場合には、代表者・経理責任者の電子署名・電子証明書の送信を要しない。」については、「代表者と経理責任者の電子証明書の取得と管理」の緩和を目的とした改正であり、これが大法人における電子申告実践の最大の障壁となっていることから、電子申告の義務化にあたって改正されたものと考えられます。

　　　　　　　　　（主な改正内容）
・大法人の電子申告の義務化(国税・地方税)
・代表者・経理責任者等の電子証明書不要(自署押印制度の廃止)
・添付書類の簡素化・データ容量の拡大・ファイル形式の柔軟化
・e-Tax送信容量の拡大
・地方税電子納税の推進・一元化
・年末調整関係書類の電子化
・法定調書・給与支払報告書の電子申告義務の改正
　　(1,000枚以上が⇒100枚以上に)
・コンビニ納付の推進

図表1-12　e-Taxにおける法人税申告の簡素化・柔軟化

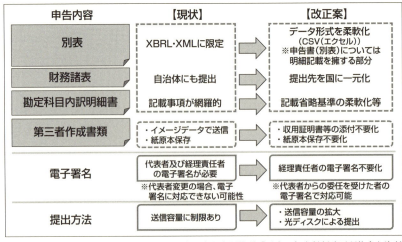

出典：TKC全国会中央研修所「平成30年度税制改正研修会」資料

図表1-13 行政手続コスト削減のための基本計画（国税分野、平成29年6月30日公表）
[e-Tax関連記述の抜粋・概要]

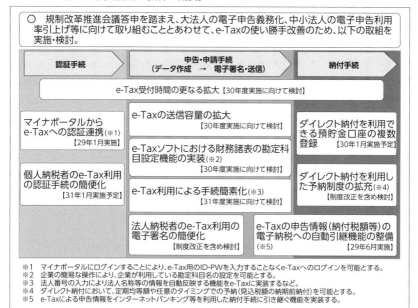

出典：財務省「第12回税制調査会 説明資料」平成29年10月16日

図表1-14 e-Taxにおける法人税申告書等のデータ提出方法（現状のイメージ）

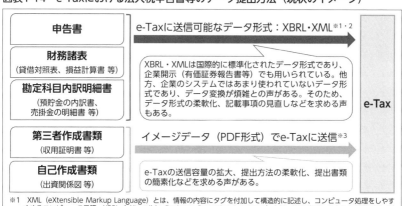

出典：財務省「第12回税制調査会 説明資料」平成29年10月16日

〈平成30年度税制改正における主な改正点（電子申告関係）〉

①大法人の法人税・地方法人税・消費税・法人住民税・法人事業税の確定申告書等の提出については、電子申告が義務化。紙申告は無申告扱い。

②法人税の申告書添付書類の一部が会社保存容認。

③連結親法人が電子申告する場合には、連結子法人の個別帰属額等の届出について不要とする。同様に連結納税関係の届出書も子法人の提出が不要となる。

④法人税、地方法人税及び復興特別法人税の申告書における代表者及び経理責任者等の自署押印制度を廃止する。

⑤電子申告・申請等について、役員従業員の電子署名・証明書がある場合には、代表者・経理責任者の電子署名・電子証明書の送信を要しない。

⑥別表の明細部分、財務諸表及び勘定科目内訳明細書に係るデータ形式の柔軟化、勘定科目内訳明細書の記載内容の簡素化、送信容量の拡大を行う。

⑦法人税等の電子申告で決算書を添付した場合には、地方税の申告にはあらためて決算書の添付は不要。

⑧年末調整手続の電子化
　生命保険料控除、地震保険料控除及び住宅借入金等ローン控除の場合、控除証明書等は電磁的記録でもよいこととなる。

⑨地方税に共通電子納税システム（共同収納）を導入
　住民税（特別徴収分）、法人住民税、法人事業税及び事業所税等から開始され順次拡大される。

⑩国税のコンビニ納付について、QRコードにより行うことができる。

⑪e-Taxで、減額更正通知・住宅ローン控除証明書の発行・適格請求書発行事業者登録通知が行われる。

⑫適格簡易請求書（レシート）の電子化。

⑬所得税の青色申告特別控除の要件として「電子申告又は電子帳簿保存」が加わる。

諸外国における電子申告の推進状況

① わが国の税務手続の現状認識

　税務手続の電子化については、主に政府税制調査会で議論がなされてきました。その際の課題認識として下記の点が挙げられています。
　①近年、経済活動におけるICTの利用が拡大し、経済活動や決済手段の多様化・グローバル化も進展しつつある。
　②税務行政においても、電子申告の導入、保存書類の電子保存化、国外財産報告等の対応が行われてきた。
　③上記については今後も進展していくことが見込まれるため、実務当事者のニーズを的確に踏まえ、諸外国の先進的な取組についても参考とする必要がある。
　④政府の情報基盤やICTの活用によって、税務手続の簡素化及び税務行政の高度化・効率化を図る。

② 諸外国の取組例

　政府税制調査会の諸外国視察における主な事例は下記のとおりです。

図表1-15　政府税制調査会による海外調査報告（平成29年6月19日）（概要）

国名 (所得税制度)	ICTの活用を含めた納税者利便の向上等に向けた取組（例）	新しい経済への対応を含めた制度の信頼性向上に向けた取組（例）
エストニア (総合課税)	●記入済申告書 ●原則、スマホ等で申告が可能	●事業者は、付加価値税申告書（毎月）に、合計1,000ユーロ（12万円）以上の取引相手方に係るインボイス情報を記載（課税当局においてマッチング）。
スウェーデン (分離課税)	●記入済申告書 ●原則、スマホ等で申告が可能	●現金取引を行う事業者は、政府が認証したレジを使用（改ざん不可能、課税当局のみ読取り可能）。
韓国 (分離課税)	●年末調整手続の簡素化 控除対象データは控除関係機関から国税庁の税務手続支援システムに集約され、従業員・雇用主が控除申告書をダウンロード可能。	●控除対象データのほか、インボイス、クレジットカード利用情報、ストック情報、支払調書が課税当局に集約（課税当局においてマッチング）。

アメリカ (総合課税（利子）・段階的課税（配当・CG）） （※）	●確定申告ビジネス（申告代行業）が発達 ●原則、スマホ等で申告が可能（民間の申告代行業が作成するアプリを利用）	●多様な法定調書を具備ビットコイン取引、600ドル（6.5万円）以上の役務提供等、約250の取引に情報報告義務（日本は60）。 ●「新しい経済」への対応として、近年、ビットコイン取引所に顧客情報の提供を求めた例あり。
カナダ (総合課税)	●記入済申告書（未記入事項が比較的多い） ●原則、スマホ等で申告が可能	●「新しい経済」への対応として、近年、インターネットオークションの運営会社に利用者情報の提供を求めた例あり。
フランス (総合課税)	●記入済申告書（未記入事項が比較的多い） ●原則、スマホ等で申告が可能	●インターネットを利用した課税逃れ等に対応するため、課税当局への情報提供の対象範囲を見直し。 ●シェアリングエコノミーのプラットフォーム事業者が、利用者間の取引情報を課税当局に報告する仕組みを導入（2020年～）。
イギリス (段階的課税) （※）	●年末調整制度のリアルタイム化 雇用主が、従業員への毎月の給与支払毎に税額を調整した上で、源泉徴収を実施。 ●原則、スマホ等で申告が可能	●納税者と課税当局のコミュニケーション緊密化の一環として、2020年以降、個人事業主や法人が、四半期に一度、財務会計情報を課税当局に報告。 ●国際的な課税逃れ等に対応するため、課税当局への情報提供の対象範囲を見直し。

(注) 記入済申告書：雇用者等から集まった情報を課税当局が予め申告書に記入し、納税者に提供することで、納税者の税務申告を支援するサービス

※アメリカの段階的課税は、給与所得、配当所得及び長期キャピタルゲインの順に各所得を一旦合算した総額に応じて、また、イギリスの段階的課税は、給与所得等、利子所得、配当所得、譲渡所得の順に各所得を一旦合算した総額に応じて、各所得に係る税率プラケットがそれぞれ決まるため、勤労所得等の額が、金融所得に係る税率に影響するという点では、総合課税に近い構造を有する。

出典：財務省「第11回税制調査会 説明資料」平成29年9月26日

③ 諸外国の法人税電子申告制度の比較

　諸外国における法人税電子申告についての比較は下記のとおりです。

　イギリス・ドイツ・フランスにおいては2010 ～ 2012年に、既に全法人が義務化されています。また、除外規定に関しても、困難な場合でかつ申請が必要など、諸外国はかなり限定的になっている場合が多いようです。さらに特筆すべきは、書面申告は無申告とみなして無申告加算税を賦課するもしくは過料（罰金）を課すといったように、相当厳しい罰則規定が置かれています。

　わが国でも諸外国の事例を踏まえ、平成30年度税制改正において「大法人の電子申告の義務化にあたっては、紙での申告は無申告とみなす」など、電子申告の義務化を推進する方向性が強く打ち出されました。

図表1-16　諸外国における法人税の電子申告の状況について

国名	アメリカ	イギリス	ドイツ	フランス
電子申告割合	68%（2014年）	98%（2013年）	n.a.	96%（2013年）
電子申告対象手続	○法人税申告書及び添付書類の申告	○法人税申告書及び添付書類の申告	○法人税申告書及び添付書類の申告	○法人税申告書及び添付書類の申告
電子申告義務化状況	一部義務化	原則義務化	原則義務化	原則義務化
電子申告を義務化した年	○2005年12月31日以降に終了する課税年度	○2010年4月1日以降に終了する課税年度であって、2011年4月1日以降に行われる申告	○2011年1月1日以降に開始する事業年度	○2012年12月31日以降に終了する課税年度 ※2000年12月31日以降に終了する課税年度より一部義務化し、順次対象者を拡大
電子申告義務対象者	○課税年度末時点の総資産が1,000万ドル以上で、暦年で250件以上の申告書を提出する普通法人 等 ※申告書、支払調書等あらゆる様式を含む	○全法人	○全法人	○全法人
電子申告義務の免除規定	○倒産、破産、災害等、IRS長官が正当な困難事由があると認める場合 ※申請が必要	○清算命令が出ている場合 等	○不相当な追加費用が発生する場合や、ITにアクセスできない場合等、電子申告が著しく困難な場合 ※申請が必要	○電子的に添付することが困難な書類を提出する場合 等 ※申請が必要
義務対象者が電子申告を行わなかった場合	○書面での申告は無申告とみなし、その後の電子申告が期限後である場合は、無申告加算税を賦課 ※無申告期間1カ月毎に、申告すべき税額の5%（最高25%。60日を超えた場合には下限あり）	○書面での申告は無申告とみなし、その後の電子申告が期限後である場合は、無申告加算税を賦課 ※無申告期間の長さと常習性に応じて、100～1,000ポンドと、申告すべき税額の10～20%を併科	○書面での申告は無申告とみなし、その後の電子申告が期限後である場合は、無申告加算税を賦課 ※無申告期間1カ月毎に、申告すべき税額の0.25%（最低25ユーロ、最高25,000ユーロ）	○書面での申告を受け付けた上で、加算税を賦課 ※申告すべき税額の0.2%（最低60ユーロ）

（次ページに続く）

国名	カナダ	スウェーデン	エストニア	韓国
電子申告割合	88%（2015年）	75%（2013年）	99%（2013年）	99%（2015年）
電子申告対象手続	○法人税申告書及び添付書類の申告	○法人税申告書の申告	○法人税申告書の申告	○法人税申告書及び添付書類の申告
電子申告義務化状況	一部義務化	義務化せず	一部義務化	義務化せず
電子申告を義務化した年	○2009年12月31日以降に終了する課税年度		○2011年1月1日以降の申告分	
電子申告義務対象者	○年間総収入が100万カナダドル超の法人 ※保険会社、外国法人等、特殊な申告書を作成する必要がある法人を除く		○従業員が5人超の法人	
電子申告義務の免除規定	○非常事態や、健康上の理由がある場合 ○支払い不能等、財政的困難がある場合 ○当局の事情 等 ※申請が必要		○なし	
義務対象者が電子申告を行わなかった場合	○書面での申告を受け付けた上で、過料を賦課 ※1,000カナダドル		○書面での申告は無申告とみなし、過料を賦課 ※1,300ユーロ以下	

（出所）第10回政府税制調査会（2017年6月19日、海外調査報告）提出資料を元に作成（各国の電子申告割合は、海外調査時（2017年4～5月）に現地で聴取した最新の数値を記載）。

出典：財務省「第12回税制調査会 参考資料『諸外国における法人税の電子申告の状況について（未定稿）』」平成29年10月16日

④ 諸外国の個人所得税申告制度の比較

　諸外国における個人所得税の電子申告については、年末調整手続の有無で各国の対応が分かれています。

　年末調整制度があるイギリスでは個人所得税の電子申告化を推進しており、電子申告の場合のみ申告納税が認められ、紙申告の場合は賦課課税となるなど大きな差をつけているのが特徴的です。

　年末調整手続のない国では、事前に記入済みの申告書が送られてくる場合が多いようです。

図表1-17　個人所得税の納税手続に関する諸外国比較（年末調整がある国）

	日本	ドイツ	韓国	イギリス
給与源泉徴収	○ （1940年〜）	○ （1920年〜）	○ （1950年〜）	○（※1） （1944年〜）
年末調整	○ （1947年〜）	○ （1948年〜）	○ （1975年〜）	○（※1） （1944年〜）
対象となる控除	生保控除等	生保控除・寄附金控除等（※2）	生保・医療費・寄附金等全ての控除	寄附金控除
金融所得	×	×	×	利子・配当：○ CG：×
記入済申告書	×	×	×（※3）	×
【備考1】 金融所得の取扱い	分離課税 ・利子：源泉分離課税 ・配当・CG：源泉徴収により申告不要（申告により総合課税や分離課税も選択可）	分離課税 ・利子・配当・CG：源泉徴収により申告不要（申告により総合課税も選択可）	分離課税 ・利子・配当：源泉徴収により申告不要（※4） ・CG：非課税	段階的課税（※5） ・利子・配当：年末調整により申告不要（※6） ・CG：申告
【備考2】 課税方式	申告納税	賦課課税	申告納税	申告納税（※7）
【備考3】 生保・医療費・寄附金控除の有無	○	○	○	生保・医療費：× 寄附金：○

（備考）各国とも、一般的な取扱いを記載。なお、利子については預貯金の利子、株式等については上場株式等（日本の場合は特定口座を利用）を想定。

※1　イギリスにおいては、給与支払の度にリアルタイムに調整を行うことで、年末調整が不要となる仕組みに移行中。なお、導入年は、現在のPAYE制度の導入年を記載。

※2　概算控除の場合。実額控除を受ける場合は確定申告が必要。なお、寄附金については、当局を通して事前申請することで、給与支払時の源泉徴収税額に反映させることも可能。

※3　韓国における記入済申告書は、一部の零細事業者に対して導入。また、非事業者が確定申告を行う際には、支払調書に基づく所得情報（給与や報酬等）を電子申告サイトで閲覧・利用可能。

※4　利子・配当所得の合計が一定額を超過した場合、申告義務が生じる。超過額に対しては、源泉徴収税率と総合課税の税率のうち、税額の大きい方が適用される。

※5　給与所得等、利子所得、配当所得、譲渡所得の順に各所得を一旦合算した総額に応じて、各所得に係る税率ブラケットがそれぞれ決まるため、勤労所得等の額が、金融所得に係る税率に影響するという点では、総合課税に近い構造を有する。

※6　利子・配当所得への課税は、支払者による源泉徴収はなく、それぞれ一定額以下の場合は雇用者が給与から天引きして徴収。それぞれ一定額を超過する場合は、納税者に申告義務が生じる。

※7　イギリスは個人所得税の電子申告化を進めており（法人税は義務化済み）、電子申告の場合は申告納税だが、引き続き紙申告を選択する場合、賦課課税となる。

出典：財務省「第12回税制調査会 参考資料」平成29年10月16日

図表1-18　個人所得税の納税手続に関する諸外国比較（年末調整がない国）

	スウェーデン	エストニア	フランス	カナダ	アメリカ
給与源泉徴収	○ （1947年〜）	○ （1991年〜）	×	○ （1942年〜）	○ （1943年〜）
年末調整	×	×		×	×
記入済申告書	○ （1995年〜）	○ （2001年〜）	○ （2006年〜）	○（※1） （2015年〜）	×
給与所得	○	○	○	○	
金融所得	利子・配当：○ CG：×（※2）	利子：○ CG：×	利子・配当：○ CG：×	利子・配当：○ CG：×（※2）	
【備考1】 金融所得の 取扱い	分離課税 ・利子・配当・ CG：申告	総合課税 ・利子・配当・CG：申 告 ・配当：非課税	総合課税 ・利子・配当・ CG：申告	総合課税 ・利子・配当・ CG：申告	総合課税（利子） 段階的課税 （配当・CG）（※3） ・利子・配当・ CG：申告
【備考2】 課税方式	賦課課税	申告納税	賦課課税	申告納税	申告納税
【備考3】 生保・医療費・ 寄附金控除の有無	×	生保・医療費：× 寄附金：○	生保・医療費：× 寄附金：○	生保：× 医療費・寄附金： ○	生保：× 医療費・寄附金： ○

（備考）各国とも、一般的な取扱いを記載。
※1　電子申告を行う場合のみ記入済申告書による申告が可能。
※2　一定の株式の売却金額は記入済申告書に反映されるが、取得価額は反映されない。
※3　アメリカの段階的課税は、給与所得、配当所得及び長期キャピタルゲインの順に各所得を合算した総額に応じて、
　　各所得に係る税率ブラケットがそれぞれ決まるため、勤労所得等の額が、金融所得に係る税率に影響するという点
　　では、総合課税に近い構造を有する。

出典：財務省「第12回税制調査会 参考資料」平成29年10月16日

⑤ 今後の税務行政の取組の方向性

　税務当局において今後の税務行政の取組の方向性が公表され、環境の変化を踏まえて、「納税者の利便性の向上」と「課税・徴収事務の効率化・高度化」の2つの視点からみた将来像が挙げられています。

図表1-19　税務行政の将来像～スマート化を目指して～

出典：国税庁「第11回税制調査会 説明資料」平成29年9月26日

① 環境の変化

①ICT・AIの進展

　近年、ICTやデータ活用技術が著しく進展しています。

②マイナンバー制度の導入

　マイナンバー制度が導入されるとともに、平成29年11月にはマイナポータル※の本格運用が開始されました。

　※マイナポータル：マイナンバー制度の導入に合わせて新たに構築された国民一人ひとりがアクセスできるポータルサイトのこと。平成29年1月より一部機能の運用を開始。平成29年11月に本格運用開始。

③経済取引のグローバル化

　近年、個人投資家の海外投資や企業の海外取引が増加するなど、経済社会がますますグローバル化しています。

④定員の減少と申告の増加

　厳しい行財政事情により国税職員の定員が減少傾向にある一方、所得税申告件数や法人数等が増加しています。

⑤調査・徴収の複雑・困難化

　国際的な租税回避への対応や富裕層に対する適正課税の確保、大口・悪質事案への対応のために、マンパワーを重点的に投入していくことが必要とされています。

② 税務当局における取組の方向性

①ICT・AIやマイナポータルを活用して納税者の利便性の向上を図るとともに、課税・徴収事務を効率化・高度化して事務運営の最適化を進め、また、ICTへの対応に困難を感じる方に配慮するとともに、情報セキュリティを十分に確保するとされています。

②調査・徴収の複雑・困難化などの環境の変化に適切に対応するため、定員の計画的な確保を図った上で、全体として効率的な資源配分に努め、重点課題（国際的租税回避への対応、富裕層に対する適正課税の確保、大口・悪質事案への対応）への的確な取組を通じて、適正・公平な課税・徴収の実現を図るとされています。

③「税務行政の将来像」の実現に向け、インフラである情報システムの高度化が進められます。

④内部事務や納税者への行政指導事務については、集中処理による効率化に努めるとされています。

⑤申告・納付のデジタル化の推進に当たっては、地方公共団体等との連携を進めるとともに、e-Taxの利用促進や租税教育の推進、税知識の普及などに関して、税理士会や関係民間団体との連携・協調の強化が図られます。国際的租税回避への対応にあたっては、外国税務当局との連携を強化していくとされています。

③ 将来像1　納税者の利便性の向上

　ICTやAI技術を活用して、「納税者個々のニーズに合った情報提供」「税務相談の自動化」「申告・納付のデジタル化等を推進」などにより、申告から納付までの税務手続を税務署に出向かずに、スムーズかつスピーディに完了できる環境を構築するとされています。具体的には下記のとおりです。

（1）カスタマイズ型の情報の配信

①マイナポータルを通じて、納税者個々のニーズにあった税情報をタイムリーに配信

　　例）・不動産を売却した方に対する申告案内
　　　　・災害発生時に適用可能な税の減免制度のお知らせ　など

（2）税務相談の自動化

①メールやチャットなど多様なチャネルによる相談・回答
②AIを活用した相談内容の分析と最適な回答の自動表示

（3）申告・納付のデジタル化の推進

①確定申告や年末調整に係る情報のマイナポータルへの表示による手続きの電子化

　　例）生命保険料データ、確定申告の医療費通知データ　など
②行政機関間のバックオフィス連携[※1]による手続きの簡素化（添付書類の削減）
③国と地方への電子的提出のワンストップ化
④電子納税等の推進

　　例）複数口座からのダイレクト納付[※2]、自動現金領収システムの導入　など

[※1]　バックオフィス連携：地方公共団体を含む各行政機関が保有する情報を行政機関間でやり取りすること。
[※2]　ダイレクト納付：税務署へ事前に預貯金口座の届出をすれば、インターネットバンキングを利用しなくても、e-Taxを経由して、即時又は納税者が指定した期日に口座からの振替により納付ができる電子納税の仕組み。

④ 将来像2　課税・徴収事務の効率化・高度化

　ICTやAI技術を活用して、システム上、所得把握を効率的に行う機能や、調査の効率化・重点化に資する機能等の構築を目指すとされています。具体的には下記のとおりです。

（1）申告内容の自動チェック
　　①申告内容と財産所有情報等との自動チェックによる申告漏れ等の迅速な把握
　　②不動産取引事例などの各種情報の自動収集による路線価・株価等の自動評定と申告財産の評価額との自動チェック

（2）軽微な誤りのオフサイト[※1]処理
　　①是正が必要な誤り事項等の納税者への自動連絡
　　②AIを活用したコールセンターの機能強化
　　　例）・応答事績の自動作成と分析
　　　　　・効果の高いコールリスト[※2]の自動作成　など

　※1　オフサイト：現場から離れた場所の意味。ここでは、納税者等に手紙・電子メール等による接触を図ること。
　※2　コールリスト：電話により接触を行う対象者を示した一覧。

（3）調査・徴収でのAI活用
　　AIを活用したシステムによる
　　①精緻な調査必要度判定、納税者への最適な接触方法と要調査項目の提示
　　②納付能力の判定、優先着手滞納事案の選定及び滞納状況等に応じた滞納整理方針の提示
　　③滞納者情報と国内外の財産情報等との自動マッチングによる差押財産等の迅速な把握

参考1　規制改革推進会議における「行政手続簡素化の3原則」

1. 規制改革推進会議（平成29年3月29日）における安倍総理発言（抜粋）
　　政府を挙げて、規制改革、行政手続の簡素化、IT化について一体改革に取り組んでまいります。（中略）
　　全ての分野について、まず行政手続を電子手続のみで完結できるようにすること。2番目に、同じ情報は一度だけ提出すれば済むこと。そして3番目に、書式・様式は統一されたものを使うこと、という3つの原則を徹底するよう、しっかりと指示いたします。

2. 規制改革推進会議「行政手続部会とりまとめ」（平成29年3月29日）（抜粋）
　　政府全体で取り組むべき以下の3原則（行政手続簡素化の3原則）に沿って、取組を進める。
　　①行政手続の電子化の徹底（デジタルファースト原則）
　　　電子化が必要である手続きについては、添付書類も含め、電子化の徹底を図る。
　　②同じ情報は一度だけの原則（ワンスオンリー原則）
　　　事業者が提出した情報について、同じ内容の情報を再び求めない。
　　③書式・様式の統一
　　　同じ目的又は同じ内容の申請・届出等について、可能な限り同じ様式で提出できるようにする。

注1）地方公共団体の行政手続については、地方公共団体の理解と協力を得つつ、取組を進める。
注2）原則②については、同一省庁・同一地方公共団体内の取組は当然のこととして、政府部内、地方公共団体間を通じ、また、国と地方をまたがって、幅広く取組の対象とし得る。

出典：財務省「第12回税制調査会 説明資料」平成29年10月16日

参考2　経済社会のICT化を踏まえた税務手続に係るデータ活用

・経済社会のICT化(情報システムや会計経理ソフトウエアの普及等)
・マイナンバー、マイナポータル、法人番号
・関連技術の進展(クラウドサービス、API連携等)

1. 納税者から行政への情報提出のデータ化促進
○　電子申告・納税(e-Tax)の一層の普及のために、どのような方策が考えられるか。

3. 行政機関間のデータ連携拡大
○　納税者から同じ情報の提出を再び求めないこと(ワンスオンリー化)等を進めるために、行政機関間のデータ連携をどのように拡大するか。

官民を含めた多様な当事者がデータをデータのまま円滑にやり取り

2. 納税者の保有情報のデータ化促進
○　税務上保管が求められている帳簿書類について一層のICT化を図るために、どのような方策が考えられるか。

4. 行政による納税者のデータ取得・活用の支援
○　納税者が税務手続に必要な情報をデータとして取得し活用できるようにするために、どのような方策が考えられるか。

官民あわせたコストの削減、企業の生産性向上

出典：財務省「第12回税制調査会 説明資料」平成29年10月16日

電子申告導入の効果

　電子申告の導入にあたっては、電子証明書の入手や、社内の業務を変える労力が必要となります。しかしその一方で、作業工程が削減されて1週間程度の時間短縮や大幅なコストダウンが実現するなどのメリットが期待できます。

　第Ⅱ章では、実際に電子申告を行っている3社の事例をもとに、電子申告導入の効果を紹介します。

　本章で紹介する企業は、TKCの法人電子申告システム「ASP1000R」等を使用して電子申告を行っています。

ASP1000Rなら全てがシームレス連携		確認作業が不要
ホップ	ステップ	ジャンプ
法人税申告書 ⇒	電子データ変換（ワンクリック）⇒	e-Taxで申告（ワンクリック）
↓シームレス連携		
地方税申告書（分割明細含む）⇒	電子データ変換（ワンクリック）⇒	eLTAXで申告（ワンクリック）全提出先に一気に送信
	ファイルを一括添付（ワンクリック）	

電子申告の主なメリット

電子申告を導入することで、紙ベースの税務申告に比べて大きく3つの効果を得ることができます。

① 申告業務が合理化される

①申告スケジュールの簡素化
　申告までの作業工程（申告書の印刷・製本・捺印・ラベル作成・発送等）が簡素化され、申告までにかかる日数も短縮できます。

②人的作業の軽減
　申告書の印刷・製本・発送といった作業負担が無くなります。

③送信（受付）結果の即時受信
　申告データ送信後に、送信（受付）結果を即時受信できます。また、申告データ送信後に訂正が入った場合でも、申告期限内であれば訂正後の申告データの再送信（再提出）が何度でも可能です。

④業務手続のマニュアル化
　申告手続が標準化されるため業務手続をマニュアル化でき、引継ぎ等もスムーズに行えます。

② コストが削減される

①ペーパレス化によるコスト削減
　申告に関わる書類の保管スペースや保管費用が削減されます。さらに、申告書の印刷コストも大幅に削減できます。

②申告書提出のための移動コスト削減
　税務署に申告書を提出するための移動や時間のコストが削減されます。

③郵送による申告書提出のコスト削減
　申告書を郵送するための手間や、封筒・郵送代のコストが削減されます。特に、複数の都道府県・市町村に事業所がある場合はメリットが大きくなります。

③ 誤送付等のリスクが低減する

　複数の都道府県・市町村に事業所がある場合、申告書を誤って送付する危険がなくなり、複数人による確認作業等も不要になります。

図表2-1　電子申告の導入効果の例（A社：全国に300超の店舗を展開するスーパーチェーン）

①申告書印刷〜発送までの手間が激減

従前の作業	電子申告
・申告書（提出分・控え分）の印刷 ・代表者の捺印請求⇒捺印 ・返信用封筒の作成 　（宛先ラベル・切手貼付） ・発送用封筒の作成（宛先ラベル貼付） ・封入・切手貼付・郵便局への持込み ・返送確認業務	・電子申告データの作成（変換） ・代表者と経理責任者の電子署名 ・データ送信（送信結果の確認） ・受信通知の確認
所要　約1週間＋α	所要　約2時間＋郵送

②発送コストダウン：送付及び返信用の郵送料・紙代・封筒代・人件費
③ミスの削減：宛先シールの貼付、封入作業等、手作業によるミス

TKCシステムについて

次節に紹介する電子申告導入企業は、下記システムを利用しています。

● **法人電子申告システム ASP1000R**
　国税・地方税の電子申告を"一気通貫"で行えるシステム
1. ASP1000Rを登録するだけで、電子申告を利用開始する環境が整います(ICカードリーダライタを除く)。
2. クラウドサービスにより、①データセンターでデータを安全に保管、②複数人・複数パソコンでも効率的に作業でき、③ユーザ管理・権限管理機能により役割をシステム制御、④アクセスログの確認、などができます。
3. 独自の暗証番号、電子証明書の有効期限を登録し、システム利用時にお知らせします。また、地方税申告書データに基づき、電子申告データの提出先の追加・削除がワンクリックで行えます。
4. 消費税・法人税・地方税申告書のデータから電子申告データ（XML形式）をワンクリックで作成できます。
5. ワンクリックで、国税・地方税に電子署名できます。
6. ワンクリックで、国税・地方税を電子申告できます。
7. 最新の法人税法・地方税法へ完全準拠した年度版システムを提供します。

● **電子申告システム e-TAX 法定調書**
　法定調書・給与支払報告書の電子申告を、事前準備から申告まで一貫して行えるシステム

● **電子申告システム e-TAX 償却資産**
　償却資産申告書の電子申告を、事前準備から申告まで一貫して行えるシステム

● **連結納税システム eConsoliTax**
　連結納税の業務プロセスを標準化できるシステム

導入事例に見る電子申告のメリット

注1) 当事例は、2014・2015年に「戦略経営者」(㈱TKC発行) に掲載された記事をもとに作成しています。
注2) 掲載内容について、掲載企業への直接のお問い合わせはご遠慮ください。

導入事例1　青山商事株式会社
～1週間程度の作業効率化が実現～

会社概要

設　立	1964年5月	売上高	2,124億円（2013年3月期連結）
所在地	広島県福山市王子町1-3-5	社員数	8,420名（2013年3月現在連結）

　メンズファッション専門店「洋服の青山」で知られる郊外型紳士服量販店としてのパイオニア。多様化するニーズの中で、顧客ごとにセグメントした新業態を次々に展開する。

導入理由

　約500の地方公共団体に地方税申告書を提出する必要があり、近い将来に地方税eLTAXが全国的に完備されるという見通しと、税務当局から電子申告へ移行するようプレッシャーもあり、何らかの解決策が必要だと考えていた。

導入方法

　TKCのシステムコンサルタントや会計事務所が導入時から対応。
　導入後も、システム操作の指導を行い、定期的にシステムの改訂内容や税法改正の内容などの勉強会も開催。

導入前後の国税・地方税申告の作業工程

（1）導入前

法人税・地方税の申告書を別々の市販のシステムで作成し、紙ベースで税務署に郵送していた。

図表2-2　電子申告導入前の税目別申告・納付の方法

	申告書作成	申告書提出方法	納付書	納付
法人税	市販ソフト	税務署へ持参	あり	振替
法人住民税 法人事業税	地方税 専用ソフト	郵送	なし	FB （ファームバンキング）
法人市町村民税	地方税 専用ソフト	郵送	なし	FB
消費税	表計算ソフト	e-TAX	なし	FB

＜課　題＞

①法人税・地方税申告書を別々のシステムで作成

1）2人の担当者でそれぞれ法人税・地方税の申告書を作成していたため、連絡ミス等で転記ミスが発生するリスクがあった

2）その後、1人で作成する体制となったが、システムが別であるため転記ミスや転記漏れが発生するリスクがあった。

3）各システムで毎年保守料が発生し、コスト面でも無駄が生じていた。

②地方税の申告対象が多い（都道府県、市町村で当時約500団体）

1）毎年の税率変動等に対応するための煩雑なメンテナンスが必要だった。

2）中間申告を含めて年に2回、約500の自治体から来た封筒を開け、税率変更があるかどうか確認しながらの作業が生じていた。

3）使用する市販の地方税システムがeLTAXの仕様へ対応できず紙で申告し、発送作業や郵送料・印刷代等のコストがかかっていた。

（2）導入後

平成20年3月期より、ASP1000Rを利用した法人税・地方税申告書の作成と電子申告を実践。

法人税・地方税申告書が1つのシステムで連動して作成され、e-TaxとeLTAX同時にワンクリックで送信できるようになった。

その後「e-TAX法定調書」「e-TAX償却資産」も導入。

図表2-3 電子申告導入前後の申告の流れ

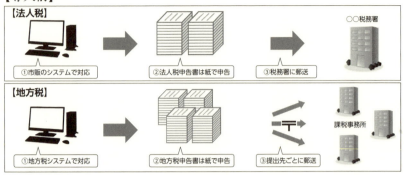

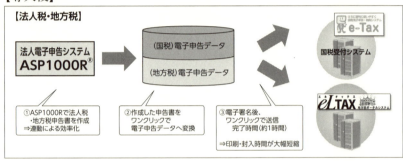

導入の効果

（1）電子申告の実践効果

電子申告を実践することにより、下記のコスト削減とリスク低減が図られた。

作　業	効　果	リスク
申告書印刷	印刷時間とトナー・用紙の削減	－
地方税申告書の提出	封入・発送作業時間と郵送代の削減	↓
法定調書の提出	封入・発送作業時間と郵送代の削減	↓
償却申告書の提出	封入・発送作業時間と郵送代の削減	↓

＜地方税電子申告実践によるコスト削減＞

郵送料の削減	80円499団体×年2回＝約8万円
印刷代の削減	1自治体6枚×499団体＝約3,000枚
作業コストの削減	代表印：499枚への押印作業 編綴・封入：5人で半日作業
時間コストの削減	1週間程度の作業効率化を実現

平成25年3月実績：499団体中465団体（県47／47、市418／452）

（2）システム導入の効果

電子申告を導入するにあたってASP1000Rを導入したことにより、下記のようなコスト削減とリスク低減が図られた。

作　業	効　果	リスク
毎年の税制改正への対応	確認時間の削減	↓
個別明細の手入力	入力時間の削減	－
申告書のチェック	チェック時間の削減	↓
市町村税率の確認	確認時間の削減	↓
分散入力	作業の効率化	－
データ管理・バックアップ	作業の効率化	↓
修正申告	作業の効率化	－
最新情報の収集	収集時間の削減	↓

①法人税・地方税の申告書と電子申告まで一連の流れで処理が完了
1) 常に最新の法規に準拠した申告書を作成でき、かつその申告書の内容がそのまま連動している。
2) 外国税額控除関連の別表も連動しているため、転記の漏れがない。
3) 作成した申告書をワンクリックで電子申告データに変換できる。
4) 納付データを切り出してFBへデータを流すことで効率化できた。

②申告書の信頼性を担保
1) 入力時や計算時に税法論理をチェックする「エキスパートチェック機能」などのシステムチェックにより、信頼性を担保できる。
2) システムコンサルタントとしてTKCの税理士から、システム操作指導はもちろん、システムのレベルアップ内容や、最新の税制改正の内容などを定期的な勉強会で教えてもらえる。

③申告書作成業務の効率化
1) CSV読込機能が搭載されており、大量のデータを効率的にASP1000Rに読み込ませることができる。
2) 地方税分割基準の計算機能があり、事業所の数や均等割の月割計算などが自動的に計算される。

④メンテナンス作業の負担軽減
　1）法改正による様式変更の確認作業、新別表への対応、地方税率の確認、J-SOX（内部統制報告制度）上のIT統制などの負担が軽減された。

電子申告のさらなる活用

（1）償却資産申告書の電子申告（e-TAX償却資産）
①地方税の償却資産申告書は、自社の固定資産システムで作成し、紙ベースで提出していた。TKCから「e-TAX償却資産」が提供されたことを受け、電子申告を検討。
②償却資産申告書の提出先が約580件あり、電子申告に取り組むことで、全社的な業務の効率化や郵送等のコスト削減にも寄与できると考え導入。
③紙ベースで行っていた諸々の作業を固定資産システムから切り出したデータ上で操作・加工し、CSVで読み込むだけで簡単に電子申告までできた。

（2）法定調書・給与支払報告書の電子申告（e-TAX法定調書）
①平成26年1月より、基準年（前々年）の提出枚数が1,000枚以上である支払調書等について、e-Tax又は光ディスク等による提出が義務付けられた。また、給与支払報告書についてもeLTAX又は光ディスク等による提出が義務付けられた。
②約840市町村に郵送していたこともあり、電子申告での提出を検討。
③「e-TAX法定調書」の導入と電子申告での提出
　1）国税の「給与所得の法定調書」と地方税の「給与支払報告書」を電子申告するため、TKCの「e-TAX法定調書」を導入。
　2）人事部が行う業務であることから、経理部が提出書類の作成（CSV読み込みのためのデータ作り）と電子申告を指導して対応。

出典：TKC「戦略経営者」2014年3月号
「TKC電子申告セミナー（2014年6月）」資料

導入事例2	株式会社伊藤園
	～電子申告・作業量が4分の1に～

会社概要

設　立	1966年8月	売上高	4,378億円（2014年4月期）
所在地	東京都渋谷区本町3-47-10	社員数	5,339名

　創業以来成長を続け、緑茶飲料市場で30年もの間シェア1位（35%）に君臨している。お茶だけではなく総合飲料メーカーとしての存在感も大きい。

導入理由

　会社の成長のスピードに内部の管理体制が追いつかず、非効率な業務が増えていた。近年は管理体制の効率化に力を入れており、その施策の一環として電子申告システムを導入。

導入方法

　TKCのコンサルティング体制の下、導入時から税理士事務所のサポートを受ける。

　導入後も定期的に税理士が来社し、また、電話やメールで分からないことを問い合わせるなどしている。

導入前後の国税・地方税申告の作業工程

（1）導入前

　自社の会計システムのデータをスプレッドシートに抜き出して、紙ベースで申告書を作成し、押印、封入して税務署に郵送。銀行に小切手を持ち込んで窓口で決済していた。

第Ⅱ章

電子申告導入の効果

37

＜課　題＞

①会計システムのデータをスプレッドシートに抜き出して申告書を作成

　1）転記ミスのリスクがあり、途中で間違えれば最初からやり直しとなる。

②地方税の申告対象が多い（都道府県47、市町村212）

　1）営業拠点や専門店、研究所、工場などが全国にあり、その全ての自治体に申告書を郵送する必要があった。

　2）担当者は丸2日間くらい作業に忙殺され、別の部署から応援を頼むこともあった。

　3）全ての申告書に社判を押印し終わった後に内容に間違いが見つかり、全てやり直しになったこともあった。

（2）導入後

①ASP1000Rを利用した法人税・地方税申告書の作成と電子申告を実践。

　CSV読み込み機能による会計システムとの連携で、転記ミスのリスクがなくなった。申告書はワンクリックで電子申告データに転換され、e-TaxとeLTAX同時にワンクリックで送信できるようになった。

導入の効果

（1）電子申告の実践効果

　地方税申告作業におけるメリットが大きく、259団体への申告書の発送作業がなくなり、切手代、印刷代、トナー・紙代などのコストが削減された。

　また、以前の作業量を1人当たりに換算すると約58時間の労働量が必要だったが、電子申告システム導入後は4分の1になった。

（2）システム導入の効果

①税務申告業務を標準化することができる。

②システムメンテナンスの必要がなくなった。法改正や様式の変更への対応も、地方税の税率確認も、全て「ASP1000R」任せ。その分の浮いた時間を別の課題の解決に充当できるようになった。

③営業拠点にさまざまな償却資産が存在し、281団体への申告が必要
　だったため、「e-TAX償却資産」を導入し、当社の固定資産管理シ
　ステムから直接CSVで読み込み、電子申告できる体制になった。ま
　た、給与支払報告書も「e-TAX法定調書」導入によって、電子申
　告まで一気通貫となった。
④申告書の作成から電子申告、電子納付（伝送）に至るまで、メニュー
　どおりに追っていけば、簡単かつ迅速に完結させられる。分からな
　いことがあっても、税務の専門家であるコンサルタントに聞くこと
　ができる。

出典：TKC「戦略経営者」2015年6月号

導入事例3	グンゼ株式会社
	～業務が標準化し、残業時間が半減～

会社概要

設　立	1896年8月	売上高	1,412億円（連結2015年3月期）
所在地	大阪市北区梅田2-5-25	社員数	7,354名（連結2015年3月31日現在）

　老舗のアパレルというイメージが強いが、いまや高機能フィルム関連事業が第2の柱として勃興。一方、肌着も新技術を駆使している。

導入理由

　従来は、スプレッドシートを使って手作業で行っており、税制改正があるたびに一から作り直していた。しかも、その技術は属人化しがちで、内部統制面での問題もあり、システム化を考えていた。

導入方法

　「ASP1000R」を連結対象関連会社全てに導入しており、最初の立ち上げ時は当社を含め6社、その後順次27社にまで広げていった。導入時は、システムコンサルタントである税理士が、研修会などでシステムの使用法やグループで利用する際のノウハウを教え、スムーズに導入することができた。

　現在は軌道に乗っており、年に2度税理士が来社し、さらなる業務のブラッシュアップを支援している。

導入前後の国税・地方税申告の作業工程

（1）導入前

　スプレッドシートを使って手作業で行っていた。

　地方税に関しては、自社だけでも事業所が40〜50か所あり、各地の税率を調べ、印刷して封書に入れ、各税務署に発送していた。

（2）導入後

　「ASP1000R」では、最新の税率がマスター登録されており、電子申告まで一気通貫で行えるようになった。

　その後、連結納税を採用し「eConsoliTax」も導入。

導入の効果

（1）電子申告の実践効果

　作業工程が削減されたことで、申告業務担当者の同じ時期の残業時間が半分以下になった。

（2）システム導入の効果

①税制改正に伴うスプレッドシートのメンテナンスが不要になった。
②自動で誤りをチェックしてくれる。別表間のつながりも連動しているため、たとえ所得の数字が動いても全体を作り直す必要がない。
③グループ内の経理が標準化された。

出典：TKC「戦略経営者」2015年8月号

〈その他の導入事例〉

■償却資産申告書の電子申告（日本KFCホールディングス株式会社）
①償却資産税の申告を電子化した理由
　経理部で「業務の電子化」を進めており、申告関連（消費税、地方税、償却資産税）、提出関連（法定調書、給与支払報告書）を電子化。償却資産税は内製負担の軽減を目的に電子化を目指した。提出先団体数は226。
②電子申告に要した工数
　電子申告自体は1名1日で完了。電子化以前は、印刷の事前準備に担当者1名が2日間、その後の封入・発送に最大4名がかりで2日間を要した。
＊上記の内容は、2014年11月に取材したものです。

■法定調書・給与支払報告書の電子申告（日本郵政スタッフ株式会社）
①給与支払報告書提出業務を電子化した理由
　日本郵政グループの給報業務の件数は約63万件、提出先団体数はほぼ全市町村1,730超。作業工数削減とリスク低減を目的に電子化に踏み切った。
②電子申告に要した工数
　電子化前は、印刷・仕訳・封入・発送作業等を外注し、センターで管理する体制で、一連の作業に約600人日（30日×20人）を要した。電子化後はペーパレス化、「e-TAX法定調書」による作業効率化が効果を発揮し、現在の作業工数は約40人日（10日×4名）に激減。
＊上記の内容は、2015年3月に取材したものです。

出典：TKCグループ ホームページ

電子申告(e-Tax・eLTAX)の概要

　電子申告は、国税や地方税に関する申告等の各種手続を、インターネット等を利用して電子的に行うものです。従来は紙ベースでの申告書や届出書等を税務署等に持参又は郵送していたものが、申告書等を電子データの形式でインターネットを利用して送信することにより、税務署等の窓口に出向かずに提出等が完了することになります。

　第Ⅲ章では、日本で現在導入されている国税e-Taxと地方税eLTAXの電子申告制度の概要について解説します。

電子申告制度の沿革と利用状況

① 国税e-Taxの電子申告制度の沿革

　e-Tax（イータックス）とは、国税庁が運営する国税電子申告・納税システムです。

　国税e-Taxの電子申告制度は、平成16年2月に名古屋国税局管内で運用が開始され、同年6月に全国へ運用が拡大されて本格導入となりました。当初は納税者自身の電子証明書が必要など、手間がかかることからあまり普及していませんでしたが、平成19年1月からは、納税者自身の電子証明書を省略して税理士等のみの電子証明書だけで送信できる、いわゆる「代理送信」が認められ、中小企業等を中心に普及が進みました。さらに平成20年度からは、所得税において電子証明書等特別控除（5,000円）のインセンティブも導入され、所得税確定申告においても利用が促進されました。

　e-Taxの受付窓口は1つで、電子申告をするとそのデータは所轄税務署に配信されることになっています。

② 地方税eLTAXの電子申告制度の沿革

　eLTAX（エルタックス）とは、全国の地方公共団体が共同で組織している一般社団法人地方税電子化協議会が運営する地方税電子申告・納税システムです。なお、平成30年度税制改正大綱では、この一般社団法人を地方税法に設置根拠・組織運営が規定される法人（地方税共同機構（仮称））とすることが予定されています。

　地方税eLTAXの電子申告制度は、国税から1年遅れの平成17年1月に6府県からスタートしました。その後、平成20年1月に事業所税や個人住民税（給与支払報告書）の対象税目が追加され、平成20年3月には「申請・届出」「納税」に関する手続きが追加されました。さらに、平成23年1月からは国税連携システムの運用が開始され、所得税確定申告書のデータが国税庁から地方公共団体へデータ送信されるようになりました。

eLTAX導入当初は、一部の地方公共団体しかeLTAXに接続していませんでしたが、平成22年4月には全ての地方公共団体が接続しました。ただし、現在でも全ての地方公共団体が全ての手続き等に対応しているとは限りませんので注意が必要です。

　eLTAXの受付窓口も1つで、電子申告するとそのデータは各地方公共団体に配信されることになっています。

図表3-1　eLTAXの概要

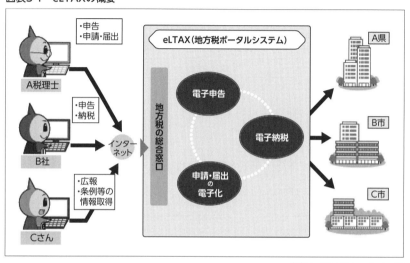

出典：eLTAXホームページ

3 国税e-Taxの主な税目の利用件数の推移

導入当初の平成16年度から平成28年度までの、主な税目・手続きにおけるe-Taxの利用件数は下記のとおりです。

図表3-2　e-Taxの利用件数（主な税目・手続き）

(件)

	法人税	消費税（法人）	法定調書	申請届出	電子納税	所得税
平成16年度	17,898	13,216	4,237	―	12,494	18,694
平成17年度	32,484	33,524	13,528	―	48,706	34,842
平成18年度	100,857	117,193	206,054	―	211,253	490,584
平成19年度	510,626	580,928	572,944	184,205	730,328	3,633,890
平成20年度	982,505	1,118,060	1,077,078	680,959	1,301,227	6,136,866
平成21年度	1,273,465	1,449,615	1,366,603	1,002,232	1,643,847	7,842,775
平成22年度	1,355,202	1,059,023	1,413,756	2,018,606	2,040,719	8,625,820
平成23年度	1,521,278	1,158,219	1,552,651	2,226,919	2,446,111	8,907,933
平成24年度	1,638,570	1,223,825	1,656,814	2,607,195	2,886,317	9,114,321
平成25年度	1,733,944	1,286,024	1,737,536	4,468,291	3,369,145	9,377,932
平成26年度	1,848,056	1,367,749	1,821,430	5,101,061	3,816,196	9,536,950
平成27年度	1,962,072	1,437,904	1,920,884	4,052,264	4,394,528	9,502,304
平成28年度	2,085,431	1,524,073	2,078,235	5,748,278	5,122,803	9,921,691

出典：e-Taxホームページ「e-Taxの利用件数」より集計

注1)「財務省改善取組計画」「業務プロセス改善計画」「オンライン利用拡大行動計画」「オンライン利用促進行動計画」における件数を記載しているが、集計範囲が異なるため同一年度でも計画により件数が異なる場合は、新しい計画の件数を記載している。

注2) 法定調書の件数には、納税証明書の交付請求と開始届出書以外の申請・届出等手続の件数を記載しており、平成18年度以前は比較可能性のため件数記載を省略している。

また、平成22年度から平成28年度までの、主な税目のe-Taxの利用率は下記のとおりです。

図表3-3　e-Taxの利用率（主な税目）

	法人税	消費税（法人）	所得税
平成22年度	52.5%	52.4%	44.1%
平成23年度	59.0%	58.6%	47.3%
平成24年度	63.6%	62.7%	50.4%
平成25年度	67.3%	65.9%	51.8%
平成26年度	71.6%	70.3%	52.8%
平成27年度	75.4%	73.4%	52.1%
平成28年度	79.3%	77.3%	53.5%

出典：国税庁「平成28年度におけるe-Taxの利用状況等について」等より作成

④ 地方税eLTAXの主な税目の利用件数の推移

導入当初の平成16年度から平成28年度までの、主な税目・手続きのeLTAXの利用件数は下記のとおりです。

図表3-4　eLTAX利用件数（主な税目・手続き）

(件)

	法人都道府県民税・事業税等	法人市町村民税	固定資産税（償却資産）	事業所税	電子納税	申請・届出
平成16年度	150	—	—	—	—	—
平成17年度	5,756	464	723	—	—	—
平成18年度	36,199	7,691	2,969	—	—	—
平成19年度	306,376	65,129	23,186	38	8	27
平成20年度	651,776	164,958	58,491	784	410	3,188
平成21年度	951,801	398,718	129,515	2,042	2,855	11,124
平成22年度	1,243,852	838,641	223,393	3,295	4,451	27,099
平成23年度	1,526,674	1,258,719	314,075	5,129	6,860	65,659
平成24年度	1,735,295	1,572,781	392,768	7,391	9,802	165,323
平成25年度	1,935,319	1,889,190	499,068	9,726	13,445	228,695
平成26年度	2,144,997	2,213,267	637,151	11,918	17,112	306,020
平成27年度	2,338,428	2,426,354	807,535	14,274	24,810	413,770
平成28年度	2,565,732	2,679,969	1,046,147	17,256	32,908	522,981

出典：eLTAXホームページ「eLTAX利用件数」より作成

⑤ 地方税eLTAXの電子申告受付団体割合等

　直近のeLTAXの電子申告受付団体数と割合は下記のとおりです。特に電子納税に対応している地方公共団体の数が少なく課題となっています。

　各地方公共団体のサービス状況については、eLTAXのホームページに掲載されている「地方公共団体のサービス状況の一覧」で確認することができます。

図表3-5　eLTAXの電子申告受付団体数　　　　　　　　　（平成30年1月29日現在）

税　目	全団体数	電子申告受付団体数	割　合
法人道府県民税・事業税等	47	47	100.0%
法人市町村民税	1,718	1,718	100.0%
固定資産税（償却資産税）	1,719	1,719	100.0%
事業所税	76	76	100.0%
個人住民税（給与支払報告書）	1,741	1,741	100.0%
電子納税	1,788	22	1.2%
申請・届出	1,788	1,783	99.7%

出典：eLTAXホームページ「地方公共団体のサービス状況の一覧」より集計

注）全団体数は次のとおりです。
- ・固定資産税（償却資産税）　　　1,719 ＝ 市町村数1,718 ＋ 東京都1
- ・個人住民税（給与支払報告書）　1,741 ＝ 市町村数1,718 ＋ 東京都23
- ・電子納税、申請・届出　　　　　1,788 ＝ 市町村数1,718 ＋ 都道府県47 ＋ 東京都23

電子申告ができる者

　電子申告（e-Tax及びeLTAX）を利用できる者は、税法に規定されている申告、納税、申請・届出等の手続きを行う納税者で、インターネットを利用できる環境を有しており、かつ、電子署名用の電子証明書を保有している者になります。なお、国税e-Taxでは一部の電子納税のみを利用する者については、電子署名用の電子証明書やインターネットを利用できる環境がなくても納税ができる「特定納税専用手続」があります。

　また、税理士及び税理士法人等の税理士業務を行う者も国税e-Taxや地方税eLTAXを利用することができます（本章❼p.57を参照）。

電子申告ができる手続き

① 国税e-Taxで利用できる手続き

　国税e-Taxで利用できる手続きは、国税に関する「申告」「納税」「申請・届出等」の各手続きになります。なお、申告、納税及び申請・届出等の全てについてe-Taxを利用することもできますし、申告手続のみなど一部についてe-Taxを利用し、利用しない手続きについては、従来どおり紙ベースでの提出や銀行で納付することもできます。

（1）申告

　下記の申告についてe-Taxを利用して電子申告することができます（相続税の申告は現在電子申告できません）。詳しくはe-Taxのホームページで確認してください。
　①法人税・地方法人税の確定申告等（連結納税も含む）
　②消費税の確定申告等
　③所得税の確定申告等（死亡した場合の準確定申告を除く）
　④贈与税の申告
　⑤酒税納税申告
　⑥印紙税納税申告

（2）納税

　国税の全税目に係る納税と、源泉所得税の納付、納税証明書発行のための手数料も原則として電子納税することができます。
　国税の電子納税については、ダイレクト納付による電子納税とインターネットバンキング等（Pay-easy：ペイジー）による電子納税の2つの方法があります（本章❺p.53を参照）。なお、電子納税を利用した場合には領収書が発行されません。
　ペイジーとは、国税庁等の収納機関と金融機関を結ぶ共同のネットワーク「マルチペイメントネットワーク（MPN）」を利用して日本マルチペイメントネットワーク運営機構が運営する決済サービスで、税金や公共料金等をインターネットバンキングやATMで支払うことができます。

（3）申請・届出等（法人税関係のみ）

法人税関係で、電子で提出することができる主な申請・届出等は下記のとおりです。詳しくはe-Taxのホームページで確認してください。

①法人設立届出　　　　　　　　⑥更正の請求
②異動届　　　　　　　　　　　⑦事前確定届出給与に関する届出
③青色申告の承認申請　　　　　⑧各種法定調書
④減価償却資産の償却方法の届出　⑨納税証明書の交付請求　等
⑤欠損金の繰戻しによる還付請求

② 地方税eLTAXで利用できる手続き

（1）申告

下記の申告について地方税eLTAXを利用して電子申告することができます。詳しくはeLTAXのホームページで確認してください。

①法人道府県民税・法人事業税・　③固定資産税（償却資産）の申告等
　地方法人特別税の確定申告等　　④事業所税の申告等
②法人市町村民税の確定申告等　　⑤給与支払報告書等

（2）納税

地方税の電子納税は、国税のダイレクト納付のような制度が現在はなく、ペイジーによる電子納税しかありません。

また、「❶電子申告制度の沿革と利用状況」でも説明したとおり、現在電子納税に対応している地方公共団体は22団体しかありませんし、個々の地方公共団体に個別に電子納税する必要があります。

総務省では、平成31年10月の運用開始を目標に「共通電子納税システム」の導入を検討しています。「共通電子納税システム」が導入されれば、複数の地方公共団体への納税についても、一度の手続きで可能となります（第Ⅰ章「図表1-8」p.9参照）。

（3）申請・届出等（法人税関係のみ）

法人税関係で、電子で提出することができる主な申請・届出等は下記のとおりです。詳しくはeLTAXのホームページで確認してください。

①法人設立・設置届出　　　　　③異動届
②法人税に係る確定申告書等の提　④事務所等新設・廃止申告　等
　出期限の延長の処分等の届出

第Ⅲ章　電子申告（e-Tax・eLTAX）の概要

④ 電子申告の利用可能時間

　現在の国税e-Taxと地方税eLTAXの利用可能時間は、下記のとおりです。

① 国税e-Taxの利用可能時間

（1）通常期
　　稼　働　日：月曜日～金曜日（祝日等及び12月29日～1月3日を除く）
　　　　　　　　5月、8月、11月の最終の土曜日及び翌日の日曜日
　　稼働時間：8時30分～24時

（2）所得税等の確定申告時期（平成30年は1月15日～3月15日）
　　稼　働　日：全日（土日祝日等を含む）
　　稼働時間：24時間（メンテナンス時間〈毎週月曜日午前0時～午前8時半〉を除く／平成30年1月15日は午前8時半から利用可能）

② 地方税eLTAXの利用可能時間

　　稼　働　日：月曜日～金曜日（祝日等及び12月29日～1月3日を除く）
　　　　　　　　5月、8月、11月、1月、2月の最終の土曜日及び翌日の日曜日
　　　　　　　　1月の第三土曜日及び翌日の日曜日
　　稼働時間：8時30分～24時

　なお、国税e-Taxと地方税eLTAXの利用可能時間が異なる場合がありますので、注意が必要です。

電子納税の方法

① 国税e-Taxの電子納税

(1) ダイレクト納付による電子納税

　ダイレクト納付とは、e-Taxにより申告書等を提出した後に、納税者の預金口座から口座引落しにより国税を納付する手続きで、その特徴は、期日を指定して納付することができることにあります。

図表3-6　e-Taxのダイレクト納付の手続き

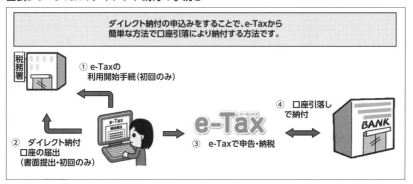

出典：国税庁ホームページ

　ダイレクト納付を利用するには、事前に金融機関の届出印を押印した「国税ダイレクト方式電子納税依頼書兼国税ダイレクト方式電子納税届出書」を税務署へ提出しておく必要があります。平成30年1月4日からは、ダイレクト納付する際に利用する預貯金口座を複数登録し、納付の都度、預貯金口座を選択することができるようになっています。

　なお、ダイレクト納付による電子納税ができるのは全ての金融機関ではありませんので、国税庁ホームページの「利用可能金融機関一覧」で確認してください。

（２）インターネットバンキング等（ペイジー）による電子納税

インターネットバンキング等による電子納税には、登録方式と入力方式の2つの方法があります。インターネットバンキング等での電子納税の場合、両方式とも、指示した即日に金融機関から引き落とされますので注意が必要です。

なお、インターネットバンキング等による電子納税ができるのは全ての金融機関ではありませんので、ペイジーのホームページで確認してください。

①登録方式による納税手続

税目、課税期間、申告区分、納付金額等の納付情報データを、e-Taxを利用して作成して送信すると、納付区分番号（10桁の数字）を表示した受信通知がメッセージボックスに格納されます。なお、申告データを基に電子納税する場合は、納付情報データを新規に作成する必要はなく、申告に関する受信通知に納付区分番号が格納されます。

納付区分番号を取得すると、契約しているインターネットバンキングにログインし、収納機関番号（国税庁は00200）、利用者識別番号、納税用確認番号、納付区分番号を入力して、インターネットバンキングで納付します。金融機関によっては、メッセージボックスに格納された受信通知からインターネットバンキングの税金・各種料金振込みにリンクして納付できる情報リンク方式が利用できます。

なお、登録方式による電子納税は、全税目に加えて附帯税（加算税、延滞税）についても電子納税できます。

②入力方式による納税手続

入力方式は、e-Taxに納付情報データの登録を行わずに、直接インターネットバンキングで、納付目的コード（税目番号、申告区分コード、元号コード、課税期間等を組み合わせた番号）及び納付金額を入力して納付します。

なお、入力方式による電子納税は、申告所得税、法人税、地方法人税、消費税及び地方消費税、申告所得税及び復興特別所得税、復興特別法人税の6税目しか対応していません。

また、開始届出書提出時に電子納税に限定した手続きである「特定納税専用手続」を選択している場合は、入力方式しか利用できません。

（3）源泉所得税及び復興特別所得税（自主納付分）の納付手続

　源泉所得税及び復興特別所得税については、納付書自体が「所得税徴収高計算書」になっています。そのため、登録方式により所得税徴収高計算書データをe-Taxに送信した後に、ダイレクト納付やインターネットバンキング等で電子納税することになります。なおこの場合、e-Taxに送信する際には電子証明書は不要となっています。

（4）電子納税の利用可能時間と手数料

　電子納税が利用できるのは、e-Taxの利用可能時間内で、かつ金融機関のシステムが稼働している時間となります。なお、振替えのための手数料は不要ですが、インターネットバンキング等を利用するための手数料が金融機関により必要となる場合があります。

② 地方税eLTAXの電子納税

　地方税の電子納税は、ペイジーによる電子納税だけで、申告データをもとに納付手続を行う場合と、納付用の基本情報を入力して納付手続を行う場合の2つの方法があります。

　なお、税理士等の代理人が納付手続（納付情報発行依頼）を行う場合は、申告データをもとに納付手続を行う方法しか利用できません。

⑥ 電子申告実施にあたり必要なもの

　国税e-Taxや地方税eLTAXで電子申告するには、次のものが必要となります。なお、平成30年度税制改正大綱によれば、電子署名者を役社員に委任することにより、代表者の電子証明書が不要となることが予定されています。

①インターネットに接続できるパソコン等

②代表者の電子証明書

③利用者識別番号・暗証番号・納税用確認番号（e-Taxの場合）

④利用者ID・暗証番号（eLTAXの場合）

⑤経理責任者の電子証明書

⑥ICカードリーダライタ（ICカードに組み込まれた電子証明書を利用する場合）

代理送信

　代理送信とは、納税者に代わって税理士等が申告等を国税e-Taxや地方税eLTAXに送信することをいいます。税理士等が代理送信する場合には、申告書等データに納税者の電子証明書を付与する必要はなく、税理士等の電子証明書を付与するだけで送信することができます。当然、納税者の電子証明書も付与することは問題ありません。

　税理士等が代理送信するには、税理士等本人が「税務代理による利用の開始」を記載した開始届出書を提出し、利用者識別番号等を取得する必要があります。開始届出書は税理士等本人の納税地を所轄する税務署に提出し、納税者の納税地ごとに開始届出書を提出する必要はありません。

　代理送信の手順は、「納税者の利用者識別番号」で納税者の申告等のデータを作成し、「税理士等の電子署名」を付与して、e-TaxやeLTAXの受付システムへ「税理士等の利用者識別番号と税理士等の暗証番号」で送信することになります。なお、税理士等が「納税者の利用者識別番号」を利用することになりますので、事前に「電子申告に係る利用者識別番号等の利用同意書」(日本税理士会連合会のホームページ参照)を納税者との間で取り交わしておくことが望まれます。

⑧ 添付書類

　電子申告は、申告書等を電子データの形式で送信しますが、電子申告に対応していない別表等や第三者作成の証明書等の添付書類は電子申告できないため、別途書面にて郵送等で提出するか、書面をイメージデータ等に変換して電子申告にファイル添付して送信することになります。

① 国税e-Taxの添付書類

（1）書面での添付書類の提出

　電子申告する際に、別途書面で提出する添付書類名をe-Taxに入力して送付書を送信します。メッセージボックスに格納された受信通知を開いて「電子申告及び申請・届出による添付書類送付書」を印刷し、別途送付書類と共に所轄税務署に郵送等で提出します。

（2）イメージデータによる提出

　従来e-Taxでは、イメージデータ等のファイル添付での添付書類の提出はできませんでしたが、平成28年4月1日からイメージデータ（PDF形式）での提出が可能となりました。

　申告・申請等の送信時に、当該申告等データとイメージデータを同時に送信する同時送信方式は1回、申告・申請等データの送信後に受信通知から別途イメージデータを追加で送信する追加送信方式は10回まで送信することができます。送信できるイメージデータは、1回当たり最大16ファイルで、PDFファイル合計で最大1.5MBまでになります。

　電子データ（XML形式又はXBRL形式）により提出可能な申告書そのものや添付書類（財務諸表や勘定科目内訳書等）については、イメージデータによる提出はできないことになっており、イメージデータで提出した場合は、その提出は効力を有しないため、別途書面での提出が必要となります。

　なお、法令の規定により原本の提出が必要とされている第三者作成の添付書類（収用証明書など）をイメージデータで提出した場合は、

原本を法定申告期限から5年間保存しておく必要があります。平成30年度税制改正大綱では、一定の解像度及び階調の要件を付した上で、税務署長による添付書面等の提示等を求める措置を廃止することが予定されています。

② 地方税eLTAXの添付書類

（1）書面での添付書類の提出

　国税と同様にeLTAXで送信できないものは、添付書類として書面での提出が可能です。

（2）ファイル添付による提出

　地方税eLTAXの場合は、国税と異なりPDF形式だけではなく、テキスト（txt）形式、CSV形式、Word形式、Excel形式、画像（jpg）形式のファイルが添付可能となっています。なお、一太郎形式とロータス形式のファイルは添付できません。

　eLTAXでファイル添付できるのは、申告（PCdesk）の場合は1申告先（1送信データ）につき申告書データと添付ファイルの合計で8MBまで、申請・届出（eLTAXホームページ）の場合は合計で4MBまでとなっています。なお、添付できるファイル数は、PCdeskの申告メニューは3ファイルまで、eLTAXホームページの申請・届出メニューでは5ファイルまでとなっています。

⑨ e-Tax等利用のためのソフトウエア

　国税e-Taxや地方税eLTAXを利用するためのソフトウエアは次のとおりです。なお、市販の税務・会計ソフトウエアのベンダーが提供するソフトからでも直接利用できる場合があります。

① 国税e-Taxのソフト

　e-Taxを利用するためのソフトは、国税庁のe-Taxのホームページから無料でダウンロードすることができます。

　e-Taxソフトには、次の3種類があります。

①e-Taxソフト

　パソコン等にダウンロードして利用するソフトです。e-Taxで利用可能な申告、申請・届出書、納税の全ての手続きが利用できます。

②e-Taxソフト（WEB版）

　ダウンロードせずにWEB上で利用するソフトです。所得税徴収高計算書、法定調書、納税証明書の交付請求、納税等の特定の手続きのみ利用できます。

③e-Taxソフト（SP版）

　スマートフォン等で利用するソフトです。メッセージボックスの確認や、納税等の特定の手続きのみ利用できます。

② 地方税eLTAXのソフト

　eLTAXを利用するには、申告に関してはPCdeskというソフトが必要です。

　PCdeskは、eLTAXのホームページから無料でダウンロードすることができます。

　なお、申請・届出はeLTAXのホームページからすることができます。

その他

① 利用可能文字

　e-Tax及びeLTAXを利用する場合には、それぞれ利用可能文字が特定されています。例えばe-Taxの場合、「う゛」「㋐」などの文字は使用できませんので、それぞれのホームページで確認してください。

② 申告等のデータ到達時期

　申告等のデータ到達時期については、「行政手続等における情報通信の技術の利用に関する法律」（平成14年法律第151号）第3条第3項により、電子情報処理組織を使用して行われた申請等は、行政機関等の使用に係る電子計算機に備えられたファイルへの記録がされた時に当該行政機関等に到達したものとみなすことになっています。

e-Taxシステムの利用の流れ

　国税e-Taxの利用の流れについて、下図の番号順に概要を説明します。

図表3-7　e-Taxの利用の流れ

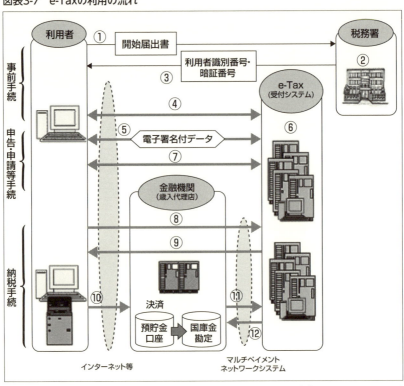

出典：e-Taxホームページ

① 事前手続

（1）開始届出書の提出（図表3-7①）
　e-Taxを利用するには、まず「電子申告・納税等開始届出書」（以下「開始届出書」）を納税者の所轄税務署に提出する必要があります。

この「開始届出書」は、オンラインでも書面でも提出することができ、税理士による代理送信でも提出（送信）することが可能です。

（2）審査・登録（図表3-7②）

提出された開始届出書は、税務署で所要の処理がされます。なお、オンラインで開始届出書を送信した場合は、即時に③の利用者識別番号が取得できます。

（3）利用者識別番号及び暗証番号の取得（図表3-7③）

開始届出書を提出して、税務署で審査・登録されると、税務署より利用者識別番号と暗証番号が通知されます。

オンラインで開始届出書を提出（送信）した場合は、利用者識別番号等がオンラインで発行（通知）されます。開始届出書を書面で提出した場合は、後日税務署から利用者識別番号と暗証番号が記載された通知書が送付されます。

暗証番号は、オンラインで開始届出書を提出（送信）する場合は、納税者自身で提出（送信）時に設定しますが、書面で開始届出書を提出する場合は、税務署から送付される通知書に仮の暗証番号が記載されています。

② 初期登録（図表3-7④）

e-Taxを利用するための初期設定作業を、e-Tax等のソフトで行います。

書面で開始届出書を提出した場合は、税務署から通知された仮の暗証番号の変更と、納税用確認番号等の登録が必要となります。

なお、同一の暗証番号は3年間しか使用できませんので、同一の暗証番号を3年間使用した場合は、3年経過後のログインの際に変更するか、3年経過前に変更する必要があります。

また、メールアドレスを登録しておくと、税務署からのお知らせ（申告に当たっての注意事項・予定納税額・中間納付税額等の案内）やダイレクト納付が利用可能になった旨のお知らせ等が、後述するメッセージボックスに格納されたことの通知が、メールアドレスに届きますので登録をお勧めします。

③ 申告・申請等手続

（1）申告・申請等のデータ送付とデータの即時通知（図表3-7⑤）

　e-Taxソフトや市販のソフトを利用して申告等のデータを作成し、電子証明書を付してe-Taxへ送信します。

　e-Taxでは、送信直後に申告等データの形式等やファイルサイズをチェックします。正常に受信されたかどうかの判定、受付番号、受信日時等は送信者のパソコン画面に「即時通知」として表示されます。

　なお、「即時通知」にエラー情報が表示されている場合には、送信された申告等のデータは受け付けられていないので、エラー原因を解明して再送信するか、書面で提出することになります。

（2）受信データのチェック等と受信通知のメッセージボックスへの格納（図表3-7⑥）

　e-Taxでは即時通知の後、送信された申告等のデータの基本事項（納税者名、住所等）や必須項目にデータが入力されているか、改ざんされてないか等について審査を行います。

　この審査結果は、e-Tax内の利用者ごとに用意されたメッセージボックスに「受信通知」として格納されます。

（3）送信データの確認等（図表3-7⑦）

　納税者等は、e-Tax内のメッセージボックスにログインし「受信通知」を確認します。別途送付する添付書類の送付書も、受信通知の「送付書表示」ボタンを押すとブラウザで表示されるので、ここで印刷して添付書類と一緒に郵送等します。

　なお、「受信通知」にエラー情報が表示されている場合には、エラー内容を確認し、訂正等を行った上で再送信するか、書面で提出することになります。

④ 電子納税手続（図表3-7⑦〜⑫）

　上記受信通知には「納付区分番号」等が含まれているので、納税用確認用番号等を使用して、ダイレクト納付やインターネットバンキング等で電子納税します。

⑫ eLTAXシステムの 利用の流れ

地方税eLTAXの利用の流れについて概要を説明します。

① 事前手続

（1）利用届出（新規）の提出

　eLTAXのホームページから、利用届出（新規）を行います。利用届出には、メールアドレスと電子証明書が必要になりますが、税理士等が代理申請する場合は納税者の電子証明書は不要です。

　利用届出（新規）は主たる提出先となる地方公共団体1つに対してのみ行います。なおeLTAXでは、書面での利用届出（新規）の提出は受け付けていません。

（2）利用者IDと仮暗証番号の取得

　利用届出（新規）を行うと、利用者IDと仮暗証番号を記載した送信結果一覧画面が表示されます。その後、提出先の地方公共団体にて内容確認などの受付手続が行われ、その手続が完了した時点で「手続き完了通知」がメールで送信されます。

　送信結果一覧画面には、利用届出（新規）の手続状況を確認するための必要な情報が記載されているので、送信結果を印刷して保管しておくことをお勧めします。

② 利用届出（新規）の提出後に必要なこと

　仮暗証番号は、送信結果に記載されている有効期限（通常は1年）までに変更しないと、利用者IDが失効になりますので、仮暗証番号を本暗証番号に変更します。なお、地方税の本暗証番号には国税のような有効期限はありません。

　複数の地方公共団体に申告等する場合は、利用届出（新規）で最初に登録した地方公共団体以外の残りの地方公共団体について、利用届出（変更）を送信して追加する必要があります。この追加登録は、提出先と手続き（申告税目等）ごとに登録する必要があり、また、事務

所廃止等により申告等が不要になった場合も、利用届出（変更）を送信して不要となった地方公共団体を削除する必要があります。

③ 申告・申請等の手続き

（1）申告・申請等のデータ送付とデータの送信結果

PCdeskや市販のソフトを利用して申告等のデータを作成し、電子証明書を付与してeLTAXへ送信します。

eLTAXでは、送信直後に申告等データの形式チェックや提出先・手続きのチェックなどポータルセンタが受信する最低限のチェックを行います。正常に受信されたかどうか、受付番号、受信日時等は「送信結果」として送信した申告データごとに通知されます。

（2）受信データのチェック等と受付通知のメッセージボックスへの格納

eLTAXでは送信結果の後、送信された申告等のデータに付与された電子署名の検証など申告等の受付に必要なチェックを行います。その結果は、eLTAX内の利用者ごとに用意されたメッセージボックスに「受付通知」として格納されます。

（3）送信データの確認等

納税者等は、eLTAX内のメッセージボックスにログインし受付通知を確認します。PCdeskからは、受付済みの申告書のダウンロードや、別途送付する添付書類の送付書の印刷等ができます。

④ 電子納税手続

（1）申告データをもとに納付手続を行う場合

電子申告した申告データをもとに、納付情報発行依頼をeLTAXに送信します。その後eLTAXから送信される納付情報をもとに、ペイジーで納付手続を行います。

（2）納付用の基本情報を入力して納付手続を行う場合

PCdesk等で納付用の基本情報を入力して納付情報発行依頼をeLTAXに送信します。その後eLTAXから送信される納付情報をもとに、ペイジーで納付手続を行います。

第Ⅳ章

初めての電子申告の手続き

　電子申告を導入していない企業にその理由を聞くと、導入までの手続きがよく分からないという答えが多くありました。
　第Ⅳ章では、「国税e-Tax」「地方税eLTAX」について、初めて電子申告を実施する際の事前準備から開始手続、実際の電子申告、電子納税までの流れを見ていきます。

① 初めての電子申告に必要な手続き

　初めて電子申告を行う際の大まかな流れは下図のとおりです。国税e-Tax、地方税eLTAXともに「準備」「開始手続」は初回のみの手続きなので、2回目以降は原則不要となります。

図表4-1　準備から電子納税までの大まかな流れ

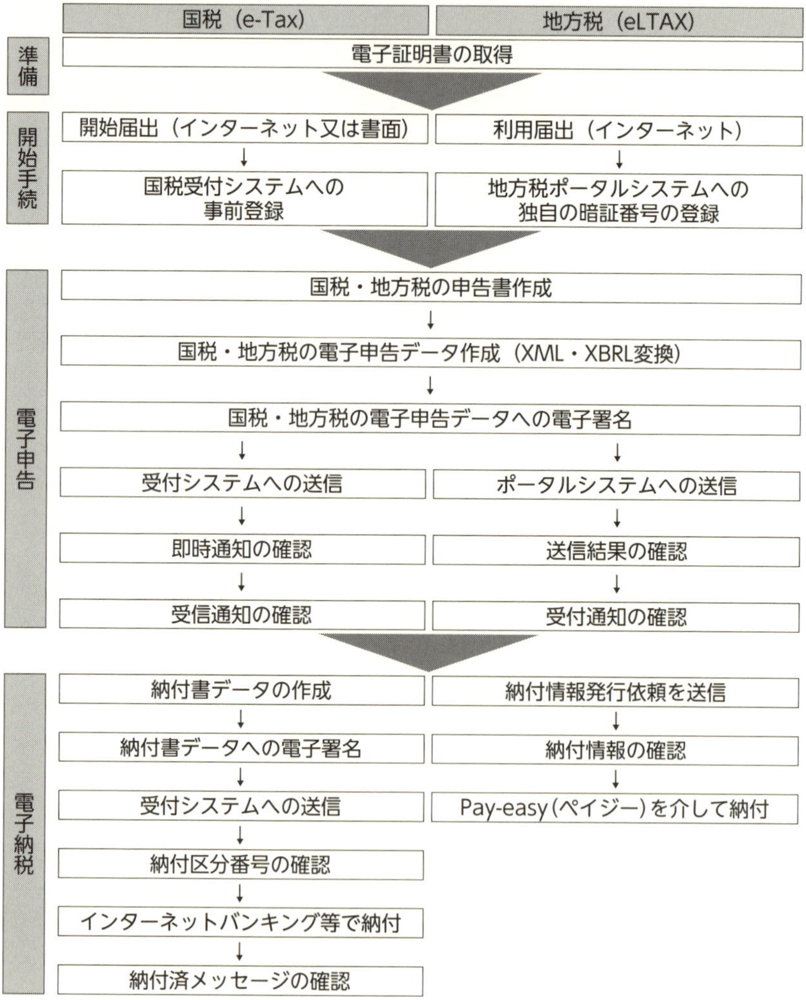

	国税（e-Tax）	地方税（eLTAX）
準備	電子証明書の取得	
開始手続	開始届出（インターネット又は書面）	利用届出（インターネット）
	↓	↓
	国税受付システムへの事前登録	地方税ポータルシステムへの独自の暗証番号の登録
電子申告	国税・地方税の申告書作成	
	↓	
	国税・地方税の電子申告データ作成（XML・XBRL変換）	
	↓	
	国税・地方税の電子申告データへの電子署名	
	↓	↓
	受付システムへの送信	ポータルシステムへの送信
	↓	↓
	即時通知の確認	送信結果の確認
	↓	↓
	受信通知の確認	受付通知の確認
電子納税	納付書データの作成	納付情報発行依頼を送信
	↓	↓
	納付書データへの電子署名	納付情報の確認
	↓	↓
	受付システムへの送信	Pay-easy（ペイジー）を介して納付
	↓	
	納付区分番号の確認	
	↓	
	インターネットバンキング等で納付	
	↓	
	納付済メッセージの確認	

電子申告の準備

　まずは電子証明書を取得し、必要に応じてICカードリーダライタを購入します。下図のとおり、「パソコン環境の準備」までは、国税e-Tax・地方税eLTAXともに共通しています。

図表4-2　電子申告の準備の流れ

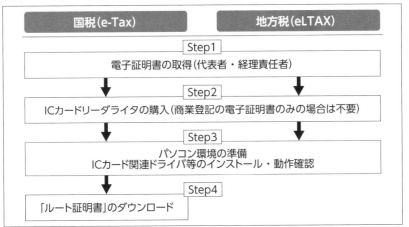

Step1　電子証明書の取得（代表者・経理責任者）

　電子申告を実施するにあたり、まずは「電子証明書」を取得する必要があります。1つ取得すれば、e-Tax・eLTAXどちらの電子申告の電子署名にも利用できます。

　経理責任者の電子証明書は、法人税等（地方税の場合は法人住民税等）の経理責任者の捺印欄がある税目に限ります。また、平成30年度税制改正により、代表者から委任を受けた会社の役員・社員の電子署名があれば、代表者及び経理責任者の署名は不要となる予定です。

（1）電子署名・電子証明書

　「電子署名」は電子申告を安全に行うために本人確認や改ざんの防止等の目的で使用するもので、書面手続の「実印」に相当します。

　「電子証明書」は電子署名の検証に使われ、第三者機関が発行する電子的な証明書です。書面手続の「印鑑証明書」に相当します。電子証明書は認証された第三者機関から発行されています。取得手続については、各発行機関のホームページ等で確認してください。

よく使われている電子証明書

①商業登記電子証明書【商業登記に基づく電子認証制度の電子証明書】
　発　　行：法務省「商業登記認証局」
　有効期間：3か月〜27か月
　手 数 料：有効期間に応じて2,500〜16,900円
　特　　徴：国・地方公共団体等への多くのオンライン手続に利用でき、既に取得している企業も多いと思われます。USBメモリ等に格納するためICカードリーダライタが不要です。

②マイナンバーカード【個人番号カード】
　発　　行：地方公共団体情報システム機構
　有効期間：発行の日後5回目の誕生日まで
　手 数 料：当面は無料
　特　　徴：電子証明書が標準で組み込まれ、中小企業が多く利用しています。ICカードリーダライタの購入が必要です。

③TDB電子証明書TypeA【TDB電子認証サービスTypeAに係る認証局が作成する電子証明書】
　発　　行：株式会社帝国データバンク
　有効期間：2年・3年・4年・5年から1つを選択します。
　提供価格：有効期間に応じて28,000〜48,000円
　特　　徴：官公庁や地方自治体の電子入札に参加する企業は、既に取得している場合が多いと思われます。ICカードリーダライタの購入が必要です。

④その他
　・TOiNX電子入札対応認証サービスに係る認証局が作成する電子証明書
　・AOSignサービスに係る認証局が作成する電子証明書
　・法人認証カードサービスに係る「商業登記に基づく電子認証制度」を運営する電子認証登記所が作成する電子証明書
　・「e-Probatio PS2サービスに係る認証局」が作成する電子証明書
　・日本税理士会連合会が発行する電子証明書（税理士の場合）

　　　　　　　　　　　　　　　　　　　　　　　　　　　　　　　　など

Step2 ICカードリーダライタの購入

　電子証明書がICカード形式の場合は、ICカードリーダライタを購入します。前記の「①商業登記電子証明書」のみを使用する場合は不要です。

　ICカードリーダライタとは、ICカードに記録された電子情報を読むための機器です。カード形式の電子証明書の場合に必要です。

（1）マイナンバーカードを使用する場合

　ICカードリーダライタには、公的個人認証サービスに対応しているものとしていないものがありますので、購入の際には注意が必要です。地方公共団体情報システム機構「公的個人認証サービスポータルサイト」に適合性検証済ICカードリーダライタ対応機種が掲載されています。

（2）その他のICカードを使用する場合

　その他のICカード形式の電子認証については、各発行機関のホームページ等で確認が必要です。

　例えば、「TDB電子証明書TypeA」の場合、ICカードと併せてカードリーダの購入を申し込みます。市販のICカードリーダライタについては、日本商工会議所で販売されていたものを除き、動作保証外としています。

Step3 パソコン環境の準備

（1）マイナンバーカードを使用する場合
①ICカードリーダライタ専用ドライバの登録

　利用するICカードリーダライタ専用のドライバを、パソコンに登録します。各メーカーのホームページから、最新のドライバをダウンロードすることができます。

②利用者クライアントソフトのダウンロード・インストール

　利用者クライアントソフトでは、電子証明書の表示や失効申請、有効性確認などができます。地方公共団体情報システム機構「公的個人認証サービスポータルサイト」を確認してください。

第Ⅳ章

初めての電子申告の手続き

71

(2) その他のICカードを使用する場合

その他のICカード形式の電子認証を使用する場合についても、各発行機関のホームページ等で確認が必要です。

Step4 「ルート証明書」のダウンロード【国税e-Taxのみ】

ルート証明書とは、証明書の発行元（認証局）の正当性を証明する証明書です。配付されたプログラム、受付システムから送信されたデータ、電子納税証明書、接続先のサーバが、本当に国税庁のものであることを確認するために使用されます。

e-Taxのホームページから、ルート証明書をパソコンにインストールする必要があります（図表4-3）。

図表4-3 「ルート証明書」のダウンロード

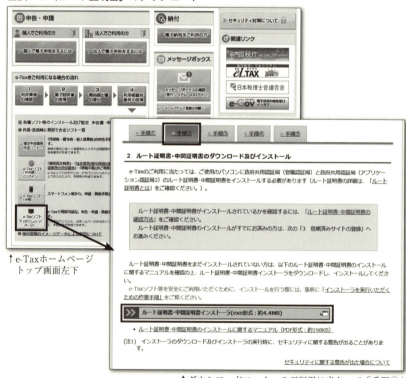

↑e-Taxホームページ
トップ画面左下

↑ダウンロードコーナーのご利用に当たって「手順②」

電子申告の開始手続

　国税e-Tax、地方税eLTAXの利用を開始するための手続きの流れは下図のとおりです。

図表4-4　電子申告の開始手続の流れ

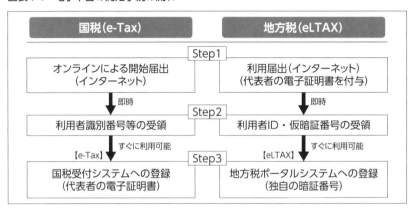

【国税e-Taxの場合】

Step1　オンラインによる開始届出

　e-Taxを利用するためには、納税地を所轄する税務署長に開始届出書を提出する必要があります。オンラインで送信する方法と書面を送付する方法があり、ここでは、e-Taxソフト（WEB版）を利用した方法を説明します。

　e-Taxソフト（WEB版）は、e-Taxソフトの基本的な機能をWeb上で利用できるシステムです。受付時間は、原則e-Taxの利用可能時間と同じです。（第Ⅲ章 ④ p.52、⑨ p.60参照）

（1）e-Taxソフト（WEB版）のセットアップ
　e-Taxのホームページから、「e-Taxソフト（WEB版）事前準備セットアップ」をダウンロードします（図表4-5）。

図表4-5 「e-Taxソフト（WEB版）事前準備セットアップ」のダウンロード

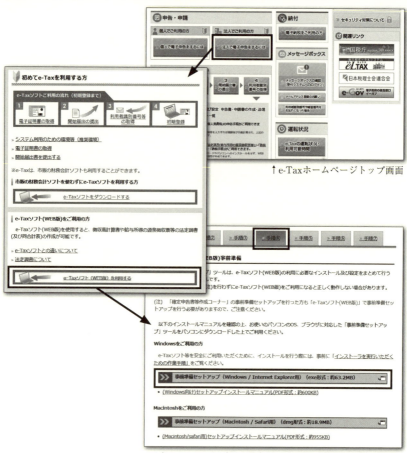

↑e-Taxホームページトップ画面

↑e-Taxソフト（WEB版）を利用するに当たって「手順④」

（2）e-Taxソフト（WEB版）による開始届出書の作成・提出

e-Taxソフト（WEB版）メインメニューの「開始届出書の作成・提出」をクリックして「法人」を選択し、各入力画面で必要事項を入力します（図表4-6）。「暗証番号等の入力」画面では、暗証番号と納税用確認番号を独自で設定して入力します。

暗証番号	● e-Taxにログインするための「独自の暗証番号」（利用者自身が決めた番号）を、8～50桁で、半角の英小文字・数字を各1文字以上使用して登録します。 ● 有効期限は3年間です。
納税用確認番号	● 半角6桁の数字を登録します。電子納税を行う際の本人確認のために必要（パスワードと同様）となります。電子納税実施の有無にかかわらず登録します。 ● 有効期限はありません。

図表4-6　e-Taxソフト（WEB版）による開始届出書の作成・提出

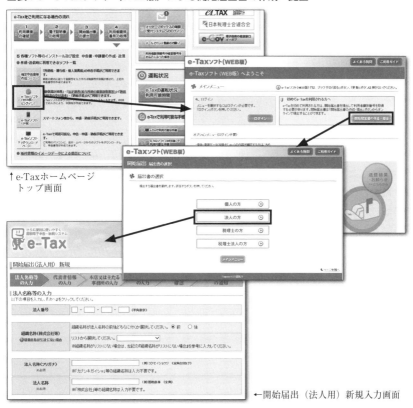

↑e-Taxホームページ
　トップ画面

←開始届出（法人用）新規入力画面

＊開始届出書を書面で提出する場合は、「電子申告・納税等開始（変更等）届出書」に必要事項を記入し、税務署に持参又は送付します。

Step2 利用者識別番号等の受領

　開始届出書送信後に利用者識別番号等が即時発行され、通知画面が表示されます。この通知画面は必ず保存又は印刷しておいてください。
　また、送信後しばらくしてからメッセージボックスに、利用者識別番号等が表示された通知書が格納されます（図表4-7）。

＊開始届出書を書面で提出した場合は、後日、利用者識別番号及び暗証番号が記載された通知書が税務署から送付されます。通知書が届くまで通常10〜25日程度かかります。

図表4-7　利用者識別番号等の通知書

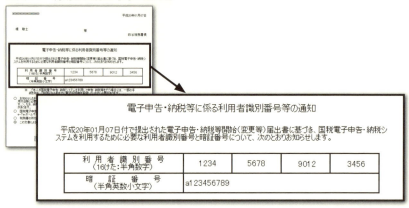

利用者識別番号	16桁の数字が付与されます。
暗証番号	開始届出書提出時に入力した暗証番号です。

Step3 国税e-Taxへの初期登録

（1） e-Taxソフトを使用する場合

e-Taxソフト（共通プログラム）をパソコンにダウンロードします（図表4-8）。ソフトを起動させて利用者ファイルを作成した後、受付システムにログインし、電子証明書の登録等を行います。

＊開始届出書を書面で提出した場合は、電子証明書のほかに暗証番号の変更、納税用確認番号等の登録も必要です。

図表4-8　e-Taxソフトのダウンロード

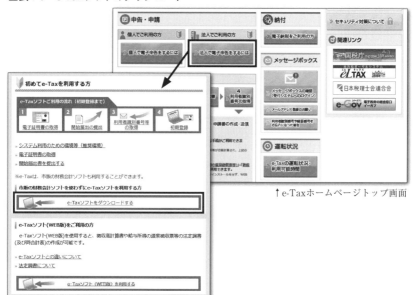

↑e-Taxホームページトップ画面

（2）市販のソフトを使用する場合

各社のソフトウエアの仕様に従ってください。

なお、e-Taxの利用の流れについては第Ⅲ章⓫p.62もご参照ください。

【地方税eLTAXの場合】

Step1 オンラインによる利用届出

　eLTAXを利用するためには、申告書を提出する地方公共団体に利用届出（新規）をする必要があります。利用届出は、eLTAXのホームページから行います。受付時間はeLTAXの利用可能時間と同じです（第Ⅲ章❹p.52参照）。
　なお、eLTAXの場合は、書面による利用届出の提出はできません。

　まず、eLTAXの「利用届出（新規）」画面を表示させ、利用種別や提出先を選択します（図表4-9）。提出先が複数ある場合は、主たる提出先1つ（本店所在地の市区町村など）に対して行います。入力画面に沿って必要事項を入力し、最後に代表者の電子署名を登録します。

図表4-9　利用届出（新規）の手続き

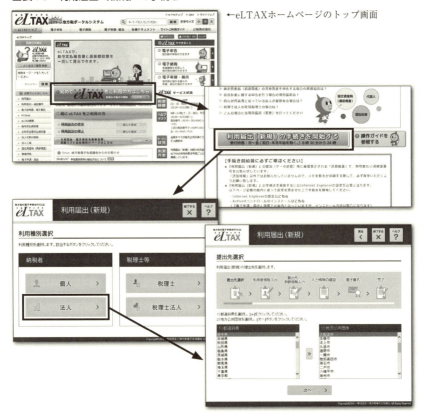

(Step2) 利用者ID・仮暗証番号の受領

　利用届出を完了すると、eLTAXのログイン時に必要な利用者IDと仮暗証番号が即時発行され、「送信結果一覧」画面が表示されます（図表4-10）。この「送信結果一覧」画面は、必ず印刷して保管するようにしてください。

　なお、提出先の地方公共団体の受付手続が完了した時点で「手続き完了通知」メールが送信されますが、利用届出を行った時点で利用者IDは有効ですので、「手続き完了通知」受信前でもeLTAXを利用することができます。

図表4-10　送信結果一覧画面（イメージ）

利用届出を受け付けました。
下記の「利用者ID」および「仮暗証番号」にてeLTAXの利用が可能です。
仮暗証番号につきましては、有効期限内に本暗証番号に変更していただく必要があります。
仮暗証番号の有効期限を過ぎた場合は利用者IDが失効となり、改めて利用届出を提出していただくこととなりますので、ご注意ください。

（ブラウザの「印刷」ボタンより、この画面を印刷し保管することをお勧めします。）

利用者ID：	XXXXXXXXXX
仮暗証番号：	XXXXXXXXXX
仮暗証番号有効期限：	2018//xx
届出受付番号：	xxxxxxxxxxxxxx

【利用形態】	税理士法人等・代理行為及び自己申告を行う
【利用者情報】	
利用届出提出先：	大阪府
	大阪府中央府税事務所長
	法人都道府県民税・次長税・地方法人特別税
法人名称（フリガナ）：	チホウゼイタロウ
法人名称：	株式会社 地方税 太郎
本店・支店の別：	本店
事務所名（フリガナ）：	
事務所名：	
郵便番号：	530-0001
所在地：	大阪府大阪市北区××××
ビル・マンション名など：	
電話番号（1）：	xxxxxxxxxx

利用者ID	・地方税電子化協議会よりIDが付与されます。 ・「利用者ID」は電子申告時に使用します。
仮暗証番号	・地方税電子化協議会より「仮暗証番号」が付与されます。 ・「仮暗証番号」は「独自の暗証番号」に変更します。
仮暗証番号 有効期限	・「仮暗証番号」の変更期限です。期限内に「独自の暗証番号」へ変更する必要があります。 ・有効期限までに仮暗証番号を変更しないと無効になり、利用者IDが失効するので注意が必要です。仮暗証番号の変更は、eLTAX対応ソフトウエアから最初にログインする際に行います。利用者IDと仮暗証番号を入力してログインすると、暗証番号の変更を促す表示が出ますので、独自で設定した8～16桁の暗証番号に変更します。 ・使用できる文字：大文字及び小文字の半角英字 　　　　　　　　　半角数字、次に挙げる半角記号　!/=+:#,@$-%_.

第Ⅳ章　初めての電子申告の手続き

79

Step3 地方税eLTAXへの登録

eLTAXを利用して地方税の電子申告を行うには、eLTAX対応ソフトウエアが必要です。

(1) PCdeskを使用する場合

PCdeskを、eLTAXのホームページからダウンロードします。ダウンロードの際に表示されたログイン画面に、利用者IDと暗証番号を入力します（図表4-11）。表示されたパスワードを控えた後、「PCdeskダウンロード」をクリックして勤務地の都道府県を選択し、先ほど控えたパスワードを入力してダウンロードを行います。ダウンロードしたファイルの「setup.exe」を実行してインストールします。

図表4-11　PCdeskのダウンロード

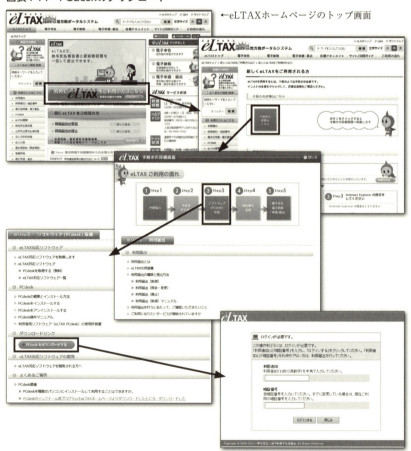

←eLTAXホームページのトップ画面

（2）市販のソフトウエアを使用する場合

　eLTAXに対応している市販のソフトウエアについては、「eLTAX対応ソフトウエア一覧」を確認してください。

　なお、eLTAXの利用の流れについては第Ⅲ章❷p.65もご参照ください。

<国税・地方税の電子申告準備事項に係る一覧表>

	国　税	地方税
ポータルシステム	e-Tax （イータックス）	eLTAX （エルタックス）
開始届出 利用届出	オンライン・書面 いずれかを選択	オンラインのみ
受付完了の通知	利用者識別番号が通知される。 オンライン：利用者識別番号の通知（即時発行） 書面：利用者識別番号等の通知書（郵送10〜25日）	送信結果一覧で利用者IDが通知される（即時発行）
受付完了後 の手続き	電子証明書の登録 （税理士が代理送信しない場合）	仮暗証番号の変更
ログイン用暗証番号の 有効期限	3年（e-Taxから更新）	無期限
利用ソフトウエア （ご参考）	e-Taxソフト （TKCシステムを使用している場合は不要）	PCdesk （TKCシステムを使用している場合は不要）

第Ⅳ章　初めての電子申告の手続き

4 電子申告

電子申告の手続きの流れは下図のようになります。

図表4-12　電子申告の流れ

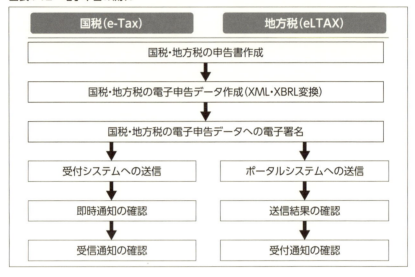

【国税e-Taxの場合】

① 申告書の作成

e-Taxソフトや市販のソフト等で国税の申告書を作成します。

② 電子申告データの作成（ファイル形式の変換）

申告書のデータを、e-Taxで受付可能なファイル形式に変換します。

CSV※形式のデータ ⇒ データ変換 ⇒ XBRL、XML
※CSV：データ項目をカンマで区切ったテキスト形式のファイル

添付書類のイメージデータによる提出も可能です（容量制限あり）。

③ 電子申告データへの電子署名

　e-Taxソフトのメニュー「電子署名」から、電子署名を付与する申告・申請等データを選び、電子証明書の組み込まれているメディアを選択します。

　ICカードを利用する場合は、ICカードリーダライタにICカードを挿入し、認証局サービス名を選択して「ログイン」画面から電子証明書のパスワードを入力します。ICカード以外のメディアを利用する場合は、電子署名に使用する電子証明書を指定し、電子証明書のパスワードを入力します。

　電子署名を付与すると、申告書等が受付システムへ送信できる状態になります。

④ 受付システムへの送信

　電子申告データを受付システムへ送信します。

⑤ 即時通知の確認

　電子申告データの送信完了後、即時通知が表示されます。即時通知は再表示できないため、必要に応じて保存・印刷してください。

⑥ 受信通知の確認

　電子申告データの送信完了後、しばらくして受付結果がメッセージボックスに格納されますので確認します。

【地方税eLTAXの場合】‥‥‥‥‥‥‥‥‥‥‥‥‥‥‥‥‥‥‥‥‥‥‥

① 申告書の作成

PCdeskや市販のソフト等で地方税の申告書を作成します。

② 電子申告データの作成（ファイル形式の変換）

市販のソフトウエアで作成した場合は、財務諸表等のデータをPCdeskのファイル形式（XML形式）に変換し、PCdeskに取り込みます。添付書類のイメージデータによる提出も可能です(容量制限あり)。

③ 電子申告データへの電子署名

PCdeskの申告データ作成メニューの「申告データ署名」から、電子署名を付与する申告データを選び、ICカードを利用する場合と、他メディアを利用する場合を選択します。電子署名を付与すると、申告書等がポータルシステムへ送信できる状態になります。

④ ポータルセンタへの送信

電子申告データをポータルセンタへ送信します。

⑤ 送信結果の確認

送信した申告データごとに、送信結果が通知されます。送信が正しく行われたことを確認します。

⑥ 受付通知の確認

申告データに付与された電子署名の検証などは申告データ受信後に行われます。受付通知でその結果を確認します。

なお、e-Tax・eLTAXによる電子申告の手続きについては第Ⅲ章もご参照ください。

電子納税

　国税・地方税の納付手続もインターネットで行うことができます。
　なお、地方税については、電子納税が可能な地方公共団体が2018年1月現在で12都府県10市町とまだ限られていますので、最新の状況をeLTAXのホームページで確認するようにしてください。
　平成30年度税制改正では、地方税の電子納税について、個人住民税特別徴収・法人住民税・事業税・事業所税を平成31年10月1日から共通電子納税システム導入予定としています（順次税目拡大予定）。
　電子納税の手続きの流れは下図のとおりです。

図表4-13　電子納税の流れ

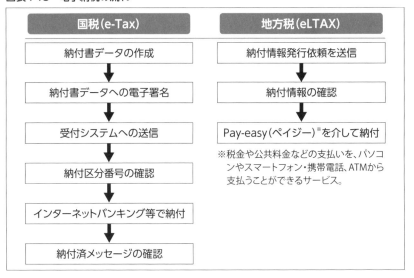

【国税e-Taxの場合】

① 納付書データの作成

　税目、納付の目的となる課税期間、申告区分、納付金額等の納付情報データを作成します。

② 納付書データへの電子署名

納付情報データに電子署名を付与します。

③ 受付システムへの送信

送信して事前に登録します。

④ 納付区分番号の確認

納付指図時に入力する、納付区分番号（10桁の数字）等を表示した受信通知がメッセージボックスに格納されます。

⑤ インターネットバンキング等で納付

電子納税には、インターネットバンキング（ペイジー）による納付や、預貯金口座からの振替によるダイレクト納付などの方法があります。

（1）ダイレクト納付を利用する場合
事前に税務署へ書面で届出をしておく必要があります。ダイレクト納付は、上記④の受信通知の「今すぐに納付される方」又は「納付日を指定される方」のボタンから行います。

（2）インターネットバンキングで納付を行う場合
事前に利用する金融機関のインターネットバンキングの利用手続を行っておくことが必要です。

⑥ 納付済メッセージの確認

（1）ダイレクト納付を利用する場合
納付手続完了後、「ダイレクト納付完了通知」がメッセージボックスに格納されます。

（2）インターネットバンキングで納付を行う場合

　預金口座から国庫金勘定に納付税額が振り替えられると、金融機関は利用者に対して納付が完了した旨の画面表示を行い、e-Taxへ領収済みデータを送信します。

【地方税eLTAXの場合】……………………………………………………………

　PCdesk以外の市販のソフトウエアを使用する場合は、eLTAXの電子納税に対応しているかを確認してください。

① 納付情報発行依頼を送信

　納付手続をする申告データを選択し、納付情報発行依頼を送信します。

② 納付情報を確認

　ポータルセンタから送信された納付情報を、「納付情報確認」画面で確認します。納付状況が「納付可」となっていれば納付できる状態です。納付情報は、受け取るまでに時間がかかる場合があります。

③ Pay-easyを介して納付

　納付は「Pay-easy（ペイジー）」を介して、インターネットバンキングやATMなどから納付します。地方公共団体によって利用可能な金融機関や納付方法が制限される場合がありますので、各地方公共団体のホームページ等で確認してください。

　なお、e-Tax・eLTAXによる電子納税については第Ⅲ章⑤ p.53もご参照ください。

第Ⅴ章

年末調整・法定調書の電子申告等の動向

　年末調整手続を行うための各種の控除証明等は、いまだに電子化されておらず、受給者に交付する源泉徴収票も、法的には紙しか認められていません。

　平成30年度税制改正で控除証明等の電子化が開始されます。これにより、年末調整手続の全面的な電子化が垣間見えてきました。第Ⅴ章では、現行制度の電子化の状況を押さえた上で、今回の改正による電子化の方向性を見ていきます。

現行制度の概要

　平成30年度税制改正、さらにはマイナポータル等を利用しての年末調整や個人課税の方向性を理解するためにも、まず平成29年12月末現在の年末調整や法定調書の制度における電子申告や電子的データ保存についての概要を確認します。

１ 法定調書等の電子提出

（１）電子提出の方法
　①国税
　　源泉徴収票を含む法定調書の提出については、紙又は国税e-Taxによる提出が原則です。法定調書の提出期限の2か月前までに所轄税務署長に届け出れば、光ディスク等（FD、MO、CD、DVD）で提出することができる（所法228の4①）とされています。
　　e-Taxでの提出のためには、事前に利用者識別番号を取得している必要がありますが、光ディスク等での提出のように事前の届出は必要ありません。
　　なお、光ディスク等で提出する場合のレコード形式等については、国税庁ＨＰに掲載されています。
　②給与支払報告書
　　給与支払報告書は区市町村別に、紙又は地方税eLTAXにより提出しなければなりません。平成28年10月に全市町村が給与支払報告書のeLTAXでの提出に対応しているので、全市町村で電子申告ができるようになっています。
　　「給与支払報告書の光ディスク等による提出承認申請書」を事前（原則として3か月前）に提出すれば、国税と同じように光ディスク等で提出することができます。光ディスク等で提出した場合は、書面による税額通知書のほかに光ディスク等での税額通知書が発行されます。
　　なお、光ディスク等で提出する場合のレコード形式等については、国税と同様です。

（2）義務化されている電子提出
①国税

　前々年の提出枚数が1,000枚超の法定調書については、翌々年の提出についてe-Tax又は光ディスク等による電磁的な提出が義務付けられています。この判断は法定調書の種類ごとに行います。1月に提出する「給与所得の源泉徴収票等の法定調書合計表」と一緒に提出する法定調書の数が1,000枚を超えるという意味ではなく、配当の法定調書、給与源泉徴収票、報酬等の法定調書などの法定調書ごとに1,000枚を超えるかどうかで判断します。具体的には次のようになります。

図表5-1　法定調書等の電子提出

平成26年	平成27年	平成28年	平成29年
配当調書 1,200枚	配当調書 1,300枚	光ディスク等 又は　e-Tax	光ディスク等 又は　e-Tax
給与源泉徴収票 1,050枚	給与源泉徴収票 950枚	光ディスク等 又は　e-Tax	❶光ディスク等 又は　e-Tax ❷紙提出

　平成27年の給与源泉徴収票の提出枚数が1,000枚以下なので、平成29年分の源泉徴収票の提出は、❶又は❷のどちらでも良いことになります。

②給与支払報告書

　上記により、給与源泉徴収票の提出枚数が1,000枚を超えていて電磁的な提出が義務付けられている場合は、市町村に提出する給与支払報告書についても電磁的な提出が義務とされます。この場合、各市町村への提出枚数はたとえ数枚であっても電磁的な提出が義務になります。しかしながら、提出枚数が100枚以下の場合は、光ディスク等による提出を受け付けず、eLTAX又は紙での提出をすすめる市町村がほとんどのようです。

　なお、上記により電磁的な提出が義務付けられている場合、事前の届出は法的には不要ですが、光ディスク等で提出する場合は、市町村側での準備のために上記（1）②で記載した「給与支払報告書の光ディスク等による提出承認申請書」の提出を、ほとんどの市町村が要求しています。

第Ⅴ章

年末調整・法定調書の電子申告等の動向

② 扶養控除等申告書の電子提出と保管

　給与受給者が給与支払者を経由して税務署に提出（実際は給与支給者が7年間保管）する「給与所得者の扶養控除等申告書」と「給与所得者の保険料控除申告書兼給与所得者の配偶者特別控除申告書」は、給与支払者が事前に「源泉徴収に関する申告書に記載すべき事項の電磁的方法による提供の承認申請」を所轄税務署長に提出して承認を受ければ、書面での提出に代えて電磁的方法による提出と保管が認められています（所法198②ほか）。

　提出方法としては、通信回線を通しての方法と、光ディスク等での方法があります。提出者が本人であることを確かめるために、①提出者の電子署名を付すこと、あるいは②給与等の支払者から通知を受けた識別符号（ID）及び暗証符号（パスワード）を用いて、給与等の支払者に申告書情報を送信することが、義務付けられています。

　電子署名のためにはマイナンバーカード（又は住基カード）が必要ですが、普及が1割に満たないので、従業員に電子署名を求めることはできないのが現実です。そのため、電子化されている企業で実際に採用されている方法は、通信回線を通しての②の方法だけということになります。

③ 源泉徴収票の電子的な交付

　平成19年1月1日以後、給与等の支払者（交付者）は、受給者（交付を受ける者）への書面による給与所得の源泉徴収票及び給与等の支払明細書（以下「給与所得の源泉徴収票等」）の交付に代えて、その受給者（交付を受ける者）の承諾を得て、その給与所得の源泉徴収票等に記載すべき事項を電磁的方法により提供（電子交付）することができることとされています（所法226④）。

　ただし、給与所得の源泉徴収票等の電子交付について受給者から承諾を得ている場合であっても各源泉徴収票等について書面による交付の請求があるときは、書面により源泉徴収票等を交付しなければなりません。

　電子交付される源泉徴収票は、受け取った受給者が画面表示でき印刷できればよく、発行者の電子証明等を付すことなどは要求されていません。交付形態についても特別の制限はなく、メールや光ディスク等で交付することができます。様式についても法令で定められている

記載事項の全てが記載されていれば、必ずしも所得税法施行規則別表に定めている様式でなくともよいとされています。つまり、現状では源泉徴収票の電子交付は単なる補助的なものであり、証明力を持ったものとして扱われていません。

　確定申告書に添付する源泉徴収票は、法令上、給与等の支払者（交付者）から書面で交付を受けたものとされているので、電子交付を受けた源泉徴収票をプリントアウトして確定申告書に添付することはできません。別途、給与等の支払者（交付者）から、書面により各源泉徴収票の交付を受けて添付しなければなりません。なお、平成20年1月4日以後に、平成19年分以後の所得税の確定申告書の提出をe-Taxを利用して行う場合、給与所得等の源泉徴収票などは、その記載内容を入力して送信し、原本を別途保管していれば、税務署への提出又は提示を省略することができます。

　なお、e-Taxで申告書を提出する場合に電子データとしてそのまま添付できる源泉徴収票の仕様・様式については別に公表されており、発行者が電子証明書を付けてこの仕様によっていればそのまま電子データとして添付できます。

　どちらにせよ、平成29年12月現在では源泉徴収票の発行は紙が原則であり、電子データでの発行は補助的なものとされています。

第Ｖ章

年末調整・法定調書の電子申告等の動向

平成30年度税制改正による年末調整等の電子化の動向

平成30年度の税制改正により、年末調整や法定調書を本格的に電子化しようとする方向性が明らかにされています。

① 法定調書等の電子提出の義務化

平成33年1月1日以後に提出すべき支払調書等について、前々年の提出枚数が100枚を超えた場合には、電子的な提出が義務化されます。

したがって、平成30年分の給与等の源泉徴収票の提出枚数が100枚を超えた場合は、平成32年分の給与等の源泉徴収票は電子提出が義務となります。義務枚数が一挙に10分の1になるので法定調書の提出の多くが電子化されることになります。

電子提出の方法については特に変更はなく、国税e-Tax又は光ディスク等による提出であることに変わりはありません。

② 年末調整の控除証明等の電子化

従業員が年末調整のために雇用者に提出する「保険料等控除申告書」は、紙で提出・保管されることが原則であり、一定の要件を満たした場合に電子データによる提出・保管が認められます。しかしながら、添付すべき「保険料等控除証明書」などは電子データによる交付は行われておらず、これらの証明書は別に原本を紙で提出する必要があります。そのため、年末調整手続のごく一部しか電子化されていないのが現状です。

これらを抜本的に改善し、年末調整の全面的な電子化への方向性が政府税制調査会において明らかにされ、平成30年度の税制改正大綱において、その具体的な一歩が示されました。

図表5-2 確定申告・年末調整手続の電子化の方向性

○ 規制改革実施計画を踏まえ、確定申告・年末調整手続の電子化を推進。具体的には、控除関係機関→個人→税務署・雇用主という情報の流れが基本的に電磁的方法で完結する仕組みを目指す。

（参考）　こうした仕組みに寄与する観点から、年末調整手続において、被用者が、控除関係機関（保険会社・銀行等）から電子的に交付された証明書（保険料控除証明書や住宅ローン控除に係る残高証明書）を用いて簡便・正確に控除申告書を作成し、雇用主に対して電子的に提出することを可能とする仕組みを国税庁において構築・提供予定。

出典：内閣府「第16回税制調査会 参考資料」平成29年11月20日（一部改変）

今回の改正により、「保険料控除証明書」「住宅ローン残高証明書」は、平成32年分から電子データとして提供され、電子データで給与支払者等に提出することができるようになります。

上記の図と改正大綱をもとにすると、電子化された年末調整手続は次のようになります。

①電子控除証明書データ※が、各人のマイナポータルに届けられる。
②マイナポータル（あるいはe-Tax）に国税庁が用意する「控除申告書作成システム」で扶養控除等申告書などを作成し、オンラインで雇用主に提出する。
③企業（雇用主）は、電子データで控除申告書等を受け取り、電子データで保管する。
④企業は、源泉徴収票（給与支払報告書）を電子データで作成し、国及び自治体へ電子データで提出する。本人への電子データによる交付は今回の改正では規定されていない。

年末調整の全ての過程で書面を不要にしようというのが、今回の改正の大きな方向性です。

※電子控除証明書データ：当該控除証明書に記載すべき事項が記録された情報で当該控除証明書の発行者の電子署名及びその電子署名に係る電子証明書が付されたものをいいます。

③ 住宅ローン控除の電子化

年末調整での住宅ローン控除の電子化では、次の2つの書類の電子化が必要となります。
　①給与所得者の住宅借入金等特別控除申告書兼控除証明書（税務署発行）
　②住宅取得資金に係る借入金の年末残高証明書（金融機関発行）

現状では、①については初年度の住宅ローン控除を適用した申告書を提出した場合に、適用期間にわたる書類が税務署から納税者宛に送られてきます。年末調整時にこれに必要事項を記入し、金融機関の発行する②とともに給与支給者に提出して、税額の還付を受けます。

平成30年度の改正では、年末調整での住宅ローン控除の全面的な電子化は、居住が平成31年以降に係るものから適用されることになっています。平成30年までに居住開始した住宅については、住宅ローン控除の電子化は一部に限られます。

最初に平成31年以降に居住開始した場合の、住宅ローン控除の電子化されたフローを確認してみましょう。

平成31年分の所得税確定申告書で住宅ローン控除を適用して申告

平成32年秋までに、電子化された「住宅借入金等特別控除申告書兼控除証明書」がマイナポータルに届けられ保管される。金融機関の残高証明も同様

マイナポータルあるいはe-Taxに用意される「控除申告書作成システム」で控除申告書を作成し、証明データを添付して、企業（雇用主）に電子データで提出

企業は控除申告書を電子データで保管し、年末調整を行う。源泉徴収票の本人交付については、現状どおり

平成30年以前に居住開始した場合の住宅ローン控除については、事前に「税務署長の承認を受けている給与等の支払者に対し、給与所得者の住宅借入金等を有する場合の所得税額の特別控除申告書(以下「住宅ローン控除申告書」)の書面による提出に代えて、当該住宅ローン控除申告書に記載すべき事項を電磁的方法により提供することができ

る」とされています。

つまり、事前に企業（雇用主）が税務署長の承認を受けている場合に限り「住宅ローン控除申告書」の電子データでの提出を受けることができるということであり、極めて限定的な取扱いとなっています。

しかしながら、平成30年以前居住分の住宅ローン控除申告書の電磁提出、平成31年以降居住分住宅ローン控除申告書の電子提出の両方とも、平成32年10月1日以降提出分から適用とされています。

このように見てくると、平成32年分の年末調整手続からは、全ての手続きを電子化し、紙での書類提出を全く不要にすることができる状況となります。

④ 源泉徴収票の電子交付

平成30年度税制改正においては、源泉徴収票の電子交付についての変更は特に規定されていません。しかしながら、政府税調での議論等では、源泉徴収票の電子交付が紙での交付に替わって原則的な方法となるという方向は動かないところです。

マイナンバーカード、マイナポータルの普及が前提ではありますが、従来の方法とは全く異なった年末調整手続が、3年から5年後には始まっていると思われます。

⑤ 地方税納付の一元化

平成31年10月から、地方税eLTAXの運営主体が運営する共通電子納税システムを利用して納付又は納入を行う場合は、自治体ごとの納付ではなく、金融機関からeLTAXの運営主体を経由して地方公共団体に払い込まれるものとされます。

企業が地方税の納付を電子納付で行う場合は、納めるべき地方税の全額が預金口座から一括引落しされ、地方自治体ごとに納付書を作成し、納付手続を行う必要がないということであり、納税に要する手数が大企業ほど省かれることになります。

注）対象税目は、平成31年10月1日時点においては、個人住民税（給与所得又は退職所得に係る特別徴収分）、法人住民税、法人事業税及び事業所税（これらの税と併せて納付又は納入することとされている税を含む）とし、実務上対応が可能となった段階で順次、税目が拡大されます。

図表5-3 共通電子納税システム（共同収納）のイメージ

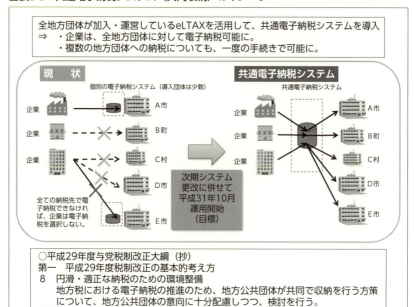

出典：総務省「第12回税制調査会 説明資料」平成29年10月16日

1．行政手続部会取りまとめ～行政手続コストの削減に向けて～
　　　　　　（規制改革推進会議 行政手続部会、平成29年3月29日）

2．「行政手続コスト」削減のための基本計画
　　　　　　　　　　　　　　　（財務省、平成29年6月30日）

3．「行政手続コスト」削減のための基本計画
　　　　　　　　　　　　　　　（総務省、平成29年6月30日）

4．平成30年度税制改正大綱
　　　　　　　　　　（閣議決定、平成29年12月22日）一部抜粋

| 資料1 | 行政手続部会取りまとめ ～行政手続コストの削減に向けて～ |

（規制改革推進会議 行政手続部会、平成29年3月29日）

Ⅰ　取組の経緯

1. 規制改革、行政手続の簡素化、IT化の一体的推進の必要性と「日本再興戦略2016」
   - (1) 規制改革、行政手続の簡素化、IT化の一体的推進の必要性 ･････････････････ 101
   - (2)「日本再興戦略2016」･･ 101
2. 先行的取組
   - (1) 二つの先行的取組の概要 ･･ 102
   - (2) 対日直接投資推進会議（規制・行政手続見直しワーキング・グループ）における検討 ･･･ 102
   - (3) 未来投資会議（構造改革徹底推進会合）における検討 ･･････････････････････ 103
3. 行政手続部会における検討
   - (1) 行政手続部会の設置 ･･ 103
   - (2) 行政手続部会における検討経緯（その1）･･･････････････････････････････････ 103
   - (3) 諸外国の取組の概要 ･･ 103
   - (4) 事業者ニーズを踏まえた対応の必要性 ････････････････････････････････････ 106
   - (5) 行政手続部会における検討経緯（その2）･･･････････････････････････････････ 106

Ⅱ　行政手続コストの削減方策

1. 事業者ニーズを踏まえた行政手続コスト削減の考え方
   - (1) 削減の必要性 ･･ 107
   - (2) 行政手続簡素化の3原則 ･･ 107
   - (3) 行政手続コスト削減に際し取り組むべき事項 ･･････････････････････････････ 109
2. 重点分野
   - (1) 取組の対象とする「機関」･･･ 110
   - (2) 取組の対象とする「手続等」･･･ 110
   - (3) 取組の対象とする「分野の区分」･･ 111
   - (4)「重点分野」の位置付け ･･ 112
   - (5) 重点分野の選定 ･･･ 112
3. 削減目標
   - (1) 削減対象とする「コスト」･･･ 114
   - (2)「行政手続コスト」の計測（「何を」「どのように」計測するのか）･････････････ 115
   - (3) 取組期間 ･･ 116
   - (4) 削減目標 ･･ 116
4. 戦略的な取組の推進（重点分野／重点分野以外）
   - (1) 重点分野 ･･ 118
   - (2) 重点分野以外 ･･ 118

Ⅲ　おわりに ･･ 119

Ⅰ　取組の経緯

1．規制改革、行政手続の簡素化、IT 化の一体的推進の必要性と「日本再興戦略 2016」

（1）規制改革、行政手続の簡素化、IT 化の一体的推進の必要性

　　世界に先駆けて本格的な人口減少社会に突入した我が国が、持続的な成長を図るためには、生産性の向上により、経済の供給制約を克服することが不可欠である。

　　政府が掲げる「GDP600 兆円経済」を実現するためには、我が国のビジネス環境改善の観点から、事業者が経済活動を行う際に直面する行政手続コストを削減し、事業者の生産性の向上を図ることが必要である。

（2）「日本再興戦略 2016」

　　こうした背景の下、「日本再興戦略 2016」（平成 28 年 6 月 2 日閣議決定）において、以下の取組を行うこととされた。

「日本再興戦略 2016」（平成 28 年 6 月 2 日閣議決定）（抜粋）

Ⅰ部
　2．生産性革命を実現する規制・制度改革
　（1）新たな規制・制度改革メカニズムの導入
　　②事業者目線で規制改革、行政手続の簡素化、IT 化を一体的に進める新たな規制・制度改革手法の導入

　　　・まずは、外国企業の日本への投資活動に関係する規制・行政手続の抜本的な簡素化について 1 年以内に結論を得る。
　　　　　　【1 年以内を目途に結論（早期に結論が得られたものについては、
　　　　　　　　先行的な取組として年内に具体策を決定し、速やかに着手)】

　　　・外国企業の日本への投資活動に関係する分野以外についても、先行的な取組が開始できるものについては、年内に具体策を決定し、速やかに着手する。
　　　　　　　　　　　【先行的な取組として年内に具体策を決定し、速やかに着手】

　　こうした先行的な取組と上記取組の実施状況等を踏まえつつ、諸外国の取組手法に係る調査等を行い、規制・手続コスト削減に係る手法や目標設定の在り方を検討した上で、本年度中を目途に、本格的に規制改革、行政手続の簡素化、IT 化を一体的に進めるべき重点分野の幅広い選定と規制・行政手続コスト削減目標の決定を行い、計画的な取組を推進する。

　　　　　　　　　　　　　　　　　【本年度中を目途に、重点分野と削減目標を決定】

資料

資料 1

Ⅱ部

Ⅱ　生産性革命を実現する規制・制度改革

1．新たな規制・制度改革メカニズムの導入

ⅱ）事業者目線で規制改革、行政手続の簡素化、IT 化を進める新たな規制・制度改革手法の導入

・我が国を「世界で一番企業が活動しやすい国」とすることを目指し、「GDP600 兆円経済」の実現に向けた事業者の生産性向上を徹底的に後押しするため、規制改革、行政手続の簡素化、IT 化を一体的に進める新たな規制・制度改革手法を導入することとし、事業者目線で規制・行政手続コストの削減への取組を、目標を定めて計画的に実施する。このため、まずは、外国企業の日本への投資活動に関係する規制・行政手続の抜本的な簡素化について 1 年以内を目途に結論を得る（早期に結論が得られるものについては、先行的な取組として年内に具体策を決定し、速やかに着手する）。また、外国企業の日本への投資活動に関係する分野以外についても、先行的な取組が開始できるものについては、年内に具体策を決定し、速やかに着手する。こうした先行的な取組と外国企業の日本への投資活動に関係する取組の実施状況等を踏まえつつ、諸外国の取組手法に係る調査等を行い、規制・手続コスト削減に係る手法や目標設定の在り方を検討した上で、本年度中を目途に、本格的に規制改革、行政手続の簡素化、IT 化を一体的に進めるべき重点分野の幅広い選定と規制・行政手続コスト削減目標の決定を行い、計画的な取組を推進する。

2．先行的取組

（1）二つの先行的取組の概要

　「日本再興戦略 2016」のうち、「外国企業の日本への投資活動に関係する規制・行政手続の抜本的な簡素化について 1 年以内を目途に結論を得る」については対日直接投資推進会議において、「外国企業の日本への投資活動に関係する分野以外についても、先行的な取組が開始できるものについては、年内に具体策を決定し、速やかに着手する」については未来投資会議において、先行的取組として検討が行われてきた。

（2）対日直接投資推進会議（規制・行政手続見直しワーキング・グループ）における検討

　外国企業の日本への投資活動に関係する分野については、対日直接投資推進会議の規制・行政手続見直しワーキング・グループにおいて検討されている。平成 28 年 8 月から開催され 3 回にわたって議論された結果、同年 12 月 22 日の第 4 回ワーキング・グループにおいて、法人設立・登記関係、在留資格関係、行政手続のワンストップ化、外国での情報発信、輸入関係等の項目について、「緊急報告」が取りまとめられた。平成 29 年春を目途に最終的な取りまとめを行うこととしている。

（３）未来投資会議（構造改革徹底推進会合）における検討

　外国企業の日本への投資活動に関する分野以外については、未来投資会議の構造改革徹底推進会合において検討が行われ、平成28年12月12日に、「スマート保安」、「世界最先端の化学物質開発力の実現」、「i-Construction－建設現場の生産性革命」、「ベンチャー支援プラットフォーム」の4分野が先行的取組として選定され、平成29年1月27日の未来投資会議において報告された。

３．行政手続部会における検討

（１）行政手続部会の設置

　行政手続部会は、第1回規制改革推進会議（平成28年9月12日開催）において、内閣総理大臣から「経済社会の構造改革を進める上で必要な規制の在り方の改革（情報通信技術の活用その他による手続の簡素化による規制の在り方の改革を含む。）に関する基本的事項について」諮問が行われたことを受け、規制改革、行政手続の簡素化、IT化を一体的に進めるため、規制改革推進会議令（平成28年政令第303号）に基づき設置された。

（２）行政手続部会における検討経緯（その１）

　行政手続部会では、第1回（平成28年9月20日開催）から第7回（平成28年12月20日開催）においては、先行的取組の検討状況に係るヒアリングを行いつつ、我が国における既存の取組等や「規制・行政手続コスト」の考え方を整理するなど、幅広く議論してきた。その中で、特に、「日本再興戦略2016」を踏まえ、諸外国における行政手続コスト削減の取組をレビューし、各国の取組から我が国への示唆を得るともに、行政手続について負担と感じている点などの事業者ニーズを事業者目線で把握することについて、重点的に検討を行った。

（３）諸外国の取組の概要

　「日本再興戦略2016」においては、諸外国の取組手法に係る調査等を行った上で、重点分野の選定や削減目標の決定を行うこととされている。このため、行政手続部会では、欧州への出張調査や関係省庁の協力に基づく委託調査等も活用しながら、諸外国における規制・行政手続コスト削減の取組について調査を実施した。

　調査結果によれば、欧米諸国では、まず、2000年代に「行政手続コスト（Administrative Costs）」や「書類作成負担（Paperwork Burden）」の削減を相当程度行った。一旦削減が行われた後の2010年代には、削減した既存の行政手続コストをこれ以上増やさないという基準（「One-in/One-out」）等を設定する取組を開始する国がみられるなど取組が多様化している。

①2000年代における欧米諸国の取組

　2000年代、多くの国（英国、デンマーク、ドイツ、フランス、カナダ）では、政府全

体で「行政手続コスト」に対する一定の削減率（25％等）を目標に定め、その実現に向けて「標準的費用モデル（SCM：Standard Cost Model）」を用いて行政手続コスト（規制等を遵守するために事業者において発生する事業者の事務作業負担）を数値化し、一定の期間をかけて、その削減に取り組んだ。「標準的費用モデル（SCM）」とは、行政手続コストを算出するために、事業者に情報提供義務が課された行政手続を洗い出し、事業者に対するヒアリングやアンケート等を通じて、当該手続に要するコストを金銭換算する手法である。各国では、まず一定の削減率を目標として決定し、その後に、政府全体の行政手続コストの測定と、各省における具体的な削減計画の策定が、並行して進められた。SCM は、「社内費用（人件費×所要時間）＋社外費用（人件費×所要時間）＋諸経費（郵便代等）」という単純な計算で行政手続コストを数値化できる長所を有する一方で、コスト計測に膨大な日数と費用がかかる短所を有すると言われている[1]。

　一方、米国では、規制に基づく情報提供義務を遵守するための事業者等の負担は、「書類作成負担（Paperwork Burden）」と呼ばれ、「回答者 1 人当たりの情報提供時間×回答者数×年間の回答頻度」という単純な計算で、「金銭」ではなく「時間」で把握し、その削減に取り組んできた。

	削減対象	標準的費用モデル(SCM)使用	期間	目標		達成状況	
英国	行政手続コスト（「金銭」で把握）	○	2005 年〜2010 年	25％削減 ※各省一律、ただし歳入庁は 10％、内閣府は 35％、国家統計局は 19％。		26.6％削減（35 億ポンド（約 4,550 億円））	
デンマーク	行政手続コスト（「金銭」で把握）	○	2001 年〜2010 年	25％削減		24.6％削減	
ドイツ	行政手続コスト（「金銭」で把握）	○	2006 年〜2011 年	25％削減		22.5％削減（110 億ユーロ（約 1 兆 2,600 億円）） ※2012 年に 25％削減達成	
フランス	行政手続コスト（「金銭」で把握）	○	2007 年〜2011 年	25％削減		(不明)	
カナダ	中小企業向け行政手続・情報提供義務の「数」	－	2007 年〜2008 年	20％削減		達成せず ※2009 年に目標達成	
米国	書類作成負担（基本的に「時間」で把握）	－	1981〜2001 年度（断続的に目標設定）（注)2002 年度以降は目標設定せず	1981 年	15％削減	4.0％削減	1981 年〜1982 年のみ達成
				1982 年		12.8％削減	
				1983 年	10％削減	8.4％削減	
				1986 年	5％削減	3.11％削減	
				1987 年	5％削減	1.73％削減	
				1988 年	5％削減	3.51％削減	
				1989 年	5％削減	0.75％削減	
				1996 年	10％削減	0.77％削減	
				1997 年	10％削減	1.83％削減	
				1998 年	5％削減	0.96％増加	
				1999 年	5％削減	2.6％増加	
				2000 年	5％削減	2.5％増加	
				2001 年	5％削減	1.1％増加	

　（注 1）　各国政府報告書、OECD 報告書より作成。
　（注 2）　この他 SCM を使用した国はオーストリア、ベルギー、ノルウェー等があるが、入手できる公表情報が限られているため、本表からは割愛する。

---

[1] 例えば、コスト計測にあたって、英国では、民間のコンサルタント会社に委託して 1,700 万ポンド（約 22 億円）、約 12 か月の期間を要したほか、デンマークでは約 20 か月、ドイツでは約 27 か月の期間を要した。

②2010 年代の欧米諸国の取組

　2010 年代に入ると、欧米諸国での取組は多様化した。

　英国やデンマークでは、2000 年代の取組によって、政府全体の行政手続コストを既に把握できているため、2010 年代では目標を「削減率」から「絶対額」に変更し、その削減に取り組んだ[2]。

　ドイツ、カナダ、英国、米国[3]では、2000 年代に既存の行政手続コスト（ストック）の削減に注力する取組を行った後の方策として、一旦削減した既存の行政手続コストをこれ以上増やさないための基準（「One-in/One-out」）等を設定する取組も見られた。

　フランスでは、削減目標は設定せずに、事業者への電話ヒアリングに基づく行政手続に対する事業者の改善ニーズを踏まえて重点分野を選定し、その内容に応じ、会社設立・事業拡大など事業者のライフイベント毎に組織された官民の 10 の分野別ワーキンググループ(WG)を設置して、具体的な個別措置を検討している。

		2001	2002	2003	2004	2005	2006	2007	2008	2009	2010	2011	2012	2013	2014	2015	2016	2017	2018	2019	2020
英国	（ストック）					行政手続コスト25%削減										規制コスト100億ポンド削減 (Cutting Red Tape Review)					
	（ベースライン測定）																				
	（フロー）			SCMベースライン測定（12か月）					One-in/One-out ⇒One-in/Two-out							規制コスト100億ポンド削減 (One-in/Three-out)					
デンマーク	（ストック）	行政手続コスト25%削減														30億DKK削減					
	（ベースライン測定）					SCMベースライン測定（20か月）															
ドイツ	（ストック）					行政手続コスト25%削減															
	（ベースライン測定）																				
	（フロー）			SCMベースライン測定（27か月）											One-in/One-out						
フランス	（ストック）					行政手続コスト25%削減					（※）達成状況は対外的に不明					簡素化(定量目標なし)					
カナダ	（ストック）						情報提供義務数・手続数20%削減														
	（ベースライン測定）				情報提供義務数・手続数の測定（6か月）																
	（フロー）										One-for-One										
米国	（ストック）	書類作成負担を軽減																			
	（フロー）																	One-in/Two-out			

（注）　■■■　既存のコストの削減に注力（ストック対応）

　　　　////　現状維持等に注力（フロー対応）

　　　　▨▨▨　SCM ベースライン測定

（※）米国では、1980 年制定の書類作成負担軽減法（Paperwork Reduction Act）に基づき、1980 年代から 2001 年度まで、断続的に目標を設定して書類作成負担（Paperwork Burden）の削減に努めてきた。（2002 年度以降は数値目標を設定していない。）

---

[2] 例えば、2005 年～2010 年に政府全体の行政手続コスト削減率 25%を目標に定めた英国では、2010 年～2015 年の取組では数値目標は設定しなかったが、100 億ポンド（1 兆 3,235 億円）の規制コスト削減を達成した。その実績を踏まえ、2015 年～2020 年にかけて、前の 5 年間の実績と同じく規制コストを 100 億ポンド削減する目標を設定している。

　このほかデンマークでは、行政手続コストに間接的な金銭コスト（例えば、環境要件を遵守するためのフィルター装置の投資費用等）を加えた遵守コストを、2015 年～2020 年の期間で、政府全体で 30 億デンマーク・クローネ（457 億円）削減する目標を設定している。

[3] 米国では、2017 年 1 月 30 日に、連邦政府の行政機関が新規制を導入する場合に少なくとも既存の 2 規制を廃止し（「One-in/Two-out」）、併せて増加したコストを相殺しなければならないとする大統領令を発出。

105

（4）事業者ニーズを踏まえた対応の必要性

「日本再興戦略 2016」において、「事業者目線」で「行政手続の簡素化」等を進めるとされており、コスト削減についての事業者のニーズを把握していくことが重要であることから、団体等からのヒアリング 4、事業者に対するアンケート調査 5、内閣府ホームページを活用した意見募集 6を行った。

事業者に対するアンケート調査により、事業者の負担感が上位の手続及び負担感の内容についての量的な傾向を把握した。また、団体等からのヒアリング、内閣府ホームページを活用した意見募集により、具体的にどのような手続に課題があるか事例としての情報を収集した。

これらの事業者ニーズの整理と分析の結果、事業の開始、継続・拡大、終了・承継時の各段階において、営業の許可・認可や補助金といった各省庁に共通する手続と社会保険や税といった個別分野の手続の双方について、事業者の負担感が確認され、その内容については、「提出書類の作成の負担が大きい」、「手続のオンライン化がなされていない」、「同じ手続について組織・部署毎に申請様式等が異なる」、「同様の書類を複数の組織・部署・窓口に提出しなければならない」など、様々な類型がみられることが確認された。

このため、「日本再興戦略 2016」における「重点分野の幅広い選定」、「削減目標の決定」、「計画的な取組の推進」に当たっては、このような事業者ニーズを踏まえて、対応を行う必要がある。

（5）行政手続部会における検討経緯（その2）

以上の調査審議を踏まえ、第8回（平成29年1月19日開催）において、事業者の負担感が高い分野を重点分野とし、政府全体としての数値目標（事業者の作業コストの削減）を設定し、各省が削減計画を策定することとしてはどうか、との論点をまとめた「『重点分野』、『削減目標』、『計画的な取組の推進』についての考え方（たたき台）」を示した。

さらに、第9回（平成29年1月30日開催）及び第10回（平成29年2月2日開催）において、「たたき台」に対する意見及び重点分野の候補に挙げられた個別分野の事情について、関係省庁（総務省、法務省、財務省、厚生労働省、経済産業省、国土交通省）からのヒアリングを実施した。

その後、第11回（平成29年3月6日開催）以降、関係省庁からのヒアリング結果も踏まえ、取りまとめに向けての議論を重ね、本取りまとめに至った。

---

4 第3回から第5回の3回にわたって、以下の13団体等からヒアリングを実施し、187事項について意見が寄せられた。日本行政書士会連合会、日本税理士会連合会、全国社会保険労務士会連合会、日本司法書士会連合会、日本経済団体連合会、経済同友会、日本商工会議所、全国商工会連合会、全国中小企業団体中央会、新経済連盟、日本貿易振興機構、ビズシード株式会社、株式会社あきない総合研究所（ヒアリング順）。
5 平成28年11月に、日本商工会議所、日本経済団体連合会、経済同友会と内閣府との共同で実施した。対象は、各団体の会員企業で、約800社からの回答があった。
6 平成28年11月16日〜12月15日の1か月間、内閣府のホームページにおいて募集し、計105件の意見が寄せられた。

Ⅱ 行政手続コストの削減方策

1．事業者ニーズを踏まえた行政手続コスト削減の考え方

（1）削減の必要性

【検討の経緯・考え方】

○事業者が行政手続に対して感じている負担感を、具体的に解決していくことが必要であるため、事業者ニーズの把握のための、以下の取組を実施した。

①団体等からのヒアリング

第3～5回部会において、経済団体、士業団体、政府関係機関、有識者の合計13団体等から意見を聴取

②事業者に対するアンケート調査の実施

11月に日本商工会議所、日本経済団体連合会、経済同友会と共同で、各団体の会員企業に対してアンケートを実施。約800社から回答。

③内閣府ホームページを活用した意見募集

内閣府ホームページにおいて、11月～12月に、行政手続簡素化に関する意見を募集

○事業者に対するアンケート調査では、「提出書類の作成の負担が大きい」「申請様式の記載方法、記載内容が分かりにくい」という、事業者の書類作成の負担に係る項目が最上位となった。

【取組の内容】

「日本再興戦略2016」（平成28年6月2日閣議決定）に沿って、幅広く重点分野を選定し、各省庁が計画的に削減に取り組む。また、重点分野以外についても、本取組の趣旨を踏まえ、各省庁が自主的な取組を進める。

（2）行政手続簡素化の3原則

【検討の経緯・考え方】

○事業者に対するアンケート調査では、書類作成の負担に次いで、以下のような項目が負担感の上位となった。

①「手続のオンライン化が全部又は一部されていない；オンライン化されているが使いにくい」

②「同様の書類を、複数の組織・部署・窓口に提出しなければならない」

③「同じ手続について、組織・部署毎に申請様式等が異なる」

【取組の内容】

> 政府全体で取り組むべき以下の3原則（行政手続簡素化の3原則）に沿って、取組を進める。
>
> （原則1）　行政手続の電子化の徹底　（デジタルファースト原則）
>
> ・電子化が必要である手続については、添付書類も含め、電子化の徹底を図る。
>
> （原則2）　同じ情報は一度だけの原則　（ワンスオンリー原則）
>
> ・事業者が提出した情報について、同じ内容の情報を再び求めない。
>
> （原則3）　書式・様式の統一
>
> ・同じ目的又は同じ内容の申請・届出等について、可能な限り同じ様式で提出できるようにする。

（注1）　　地方公共団体の行政手続については、地方公共団体の理解と協力を得つつ、取組を進める。

（注2）　　原則2については、同一省庁・同一地方公共団体内の取組は当然のこととして、政府部内、地方公共団体間を通じ、また、国と地方をまたがって、幅広く取組の対象とし得る。

（3）行政手続コスト削減に際し取り組むべき事項

【検討の経緯・考え方】

　　○事業者に対するアンケート調査では、上記以外にも、以下のような点が挙げられている。

　　① 処理期間の短縮

　　　　・手続に要する期間（処理期間）が長い

　　② 手続の透明化

　　　　・審査・判断基準が分かりにくい

　　　　・同じ手続について、組織・部署・担当者毎により審査・判断基準が異なる

　　　　・申請受理後の行政内部の進捗状況が分からない

　　　　・要求根拠が不明の資料の提出を求められる

　　　　・手続に要する期間（処理期間）が事前に示されない

【取組の内容】

> 　各省庁は、行政手続コストの削減に当たり、手続に応じて上記の負担感の減少に向けた取組を行う。

資料

資料1

２．重点分野

（１）取組の対象とする「機関」

【検討の経緯・考え方】

○事業者に対するアンケート調査等によれば、コスト削減、簡素化を望む手続は、国の行政機関、独立行政法人等、地方公共団体が幅広く所管している。

【取組の内容】

> 以下の機関が所管する手続等を、取組の対象とする。
>
> ①国の行政機関
>
> ②独立行政法人等（独立行政法人、特殊法人、認可法人、指定法人）
>
> ③地方公共団体

(注1) 　地方公共団体の取組の実施に当たっては、地方公共団体の理解・協力が必要。

(注2) 　立法府、司法府が所管する手続等は、取組の対象外となる。

（２）取組の対象とする「手続等」

【検討の経緯・考え方】

○事業者に対するアンケート調査によれば、事業者ニーズは営業の許可・認可に係る申請のような典型的な手続から、調査・統計に対する回答等、様々な手続等に対して、事業者のコストが発生しており、簡素化のニーズが存在する。

【取組の内容】

> 以下の手続等を、取組の対象とする。
>
> ①申請、届出（不服申立てを除く）　　④手数料及び税の納付
>
> ②調査・統計に対する協力　　　　　　⑤書類の作成、保存、表示義務
>
> ③事業者を経由して行う通知　　　　　⑥本人確認義務

(注) 以下の手続等については、取組の対象外となる。

　①苦情の申出、請願等　　　③処分通知等（事業者を経由して行う通知を除く）、縦覧等、作成等

　②情報提供に対する協力（調査・統計に対する協力を除く）　　　　④不作為義務

（3）取組の対象とする「分野の区分」

【検討の経緯・考え方】

〇本取組を進める上では、個別の手続を括った「分野」について検討を行う必要があるが、個別手続の括り方については、色々な区分がありうる。

　今般実施した事業者に対するアンケート調査は、経済団体と協議の上、負担感の選択肢とする分野名を設定した。

【取組の内容】

> 「分野の区分」は、以下①〜㉘とする。なお、「分野」はその性格により、「各省庁に共通する手続分野」と「個別の手続分野」に分けることができる。
>
> 〔各省庁に共通する手続分野〕
> 　①営業の許可・認可に係る手続
> 　②行政への入札・契約に関する手続
> 　③調査・統計に対する協力
> 　④補助金の手続
> 　⑤その他事業活動に必要な事項の許可・認可に係る手続
>
> 〔個別の手続分野〕
> 　⑥産業保安に関する手続
> 　⑦施設の安全（消防等）に関する手続
> 　⑧化学品等の安全管理に関する手続
> 　⑨生活用品、食品等の安全・表示に関する手続
> 　⑩個別品目の輸出・輸入の許可等に関する手続
> 　⑪港湾における手続
> 　⑫税関に対する手続
> 　⑬道路、河川等の利用に関する手続
> 　⑭国税
> 　⑮地方税
> 　⑯社会保険に関する手続
> 　⑰従業員の納税に係る事務
> 　⑱従業員からの請求に基づく各種証明書類の発行
> 　⑲従業員の労務管理に関する手続
> 　⑳土地利用に関する手続
> 　㉑環境保全に関する手続
> 　㉒建物に関する手続
> 　㉓生活環境に関する手続
> 　㉔知的財産権の出願・審査に関する手続
> 　㉕商業登記等
> 　㉖不動産登記
> 　㉗株式や事業用資産の承継に関する手続（事業承継時）
> 　㉘その他

資料

資料
1

（４）「重点分野」の位置付け

【検討の経緯・考え方】

〇行政手続コストの削減にあたり、重点分野については、削減目標を設定した上で、計画的な取組を推進する必要がある。他方で、重点分野以外についても、事業者のニーズを踏まえた一定の取組を行う必要があると考えられる。

(注)「日本再興戦略 2016」（平成 28 年 6 月 2 日閣議決定）

規制・手続コスト削減に係る手法や目標設定の在り方を検討した上で、本年度中を目途に、本格的に規制改革、行政手続の簡素化、IT 化を一体的に進めるべき重点分野の幅広い選定と規制・行政手続コスト削減目標の決定を行い、計画的な取組を推進する。

【取組の内容】

> 「重点分野」については、以下のような取組を進める。
>
> ・各省庁は、「行政手続簡素化の 3 原則」及び「行政手続コスト削減に際し取り組むべき事項」を踏まえ、削減目標達成のための計画を策定し、行政手続コストの削減に向けた取組を進める。
> ・行政手続部会は、各省庁の取組について、フォローアップを行う。
>
> 「重点分野以外」については、以下のような取組を進める。
>
> ・各省庁は、「行政手続簡素化の 3 原則」及び「行政手続コスト削減に際し取り組むべき事項」を踏まえ、行政手続コストの削減に向けた取組を進める。
> ・行政手続部会は、各省庁の取組について、必要に応じて、工程表の提示を求めるなどフォローアップを行う。

（５）重点分野の選定

【検討の経緯・考え方】

〇日本再興戦略 2016 では、本取組において、「重点分野の幅広い選定」を行うこととされている。

〇その際、事業者に対するアンケート調査の結果を適切に反映し、実効性ある分野選定を行う必要がある。

【取組の内容】

重点分野は以下の9分野とする。

①営業の許可・認可に係る手続　　　　　　（各省庁に共通する手続）
②社会保険に関する手続　　　　　　　　　（個別分野の手続）
③国税　　　　　　　　　　　　　　　　　（個別分野の手続）
④地方税　　　　　　　　　　　　　　　　（個別分野の手続）
⑤補助金の手続　　　　　　　　　　　　　（各省庁に共通する手続）
⑥調査・統計に対する協力　　　　　　　　（各省庁に共通する手続）
⑦従業員の労務管理に関する手続　　　　　（個別分野の手続）
⑧商業登記等　　　　　　　　　　　　　　（個別分野の手続）
⑨従業員からの請求に基づく各種証明書類の発行　（個別分野の手続）

なお、「従業員の納税に係る事務」については、規制改革推進会議（投資等ワーキンググループ）において、社会全体の行政手続コストの削減に向けた検討を別途行う。また、「行政への入札・契約に関する手続」については、行政手続部会において、別途検討を行う。

（注）　事業者に対するアンケート調査において、上記①～⑨を「負担」とした回答を合計すると、全体の約7割（69%）を占める。

3．削減目標

（1）削減対象とする「コスト」

【検討の経緯・考え方】

○事業者に係る規制コストは、国内外の事例を踏まえると、以下のような整理が可能となる。

〔標準的費用モデルにおける「事業者に係る規制コスト」〕

遵守コスト（Compliance Costs）	
行政手続コスト （Administrative Costs）	規制等を遵守するために企業において発生する事務作業等の費用
間接的な金銭コスト （Indirect Financial Costs）	規制等を遵守するために企業において発生する設備投資等の費用 ※環境要件を遵守するためのフィルター装置等
直接的な金銭コスト （Direct Financial Costs）	企業が行政機関へ支払う手数料、税等
長期構造コスト （Long Term Structural Costs）	長期構造的に発生する費用

○上記のコストのうち、諸外国の先進的なコスト削減の取組の対象は、主として「行政手続コスト」となっている。

○また、「事業者ニーズ把握」の取組でも、企業が負担に感じている事項の多くは、書類の作成負担等、「行政手続コスト」に係るものであった。

【取組の内容】

削減対象とするコストは、「行政手続コスト」とする。

（2）「行政手続コスト」の計測（「何を」「どのように」計測するのか）

【検討の経緯・考え方】

○行政手続コストの削減対象としては、以下のものが考えられる。

①金銭コスト

標準的費用モデル（SCM）では、次の基本式で推計。

社内費用（人件費×作業時間）＋社外費用（人件費×作業時間）

2000年代の欧州における取組で主流の方式。

コストの推計・算出に長い期間と多額の費用が必要。

②時間（作業時間）

事業者の書類作成負担（Paperwork Burden）を企業内部で手続に要する時間として把握。

米国で採用されている方式。

③事業者の負担感

今回と同様の事業者に対するアンケート調査を数年後に再度実施し、各々の手続について「負担」と回答する者の割合を低下させることを目指す方式。

○その際、以下の点に留意する必要がある。

① 定量的目標を設定する場合、取組の実効性を上げるためには、一定の計算に基づく「行政手続コスト」の算出が必要である。
「金銭コスト」は計算に労力が必要であるとともに、人件費単価（金額）により、算出コストが大きく増減する。

② コスト計算に多大な労力、費用、時間をかけることは適切ではなく、簡易な推計方法を検討すべき。

【取組の内容】

> 削減対象は、「時間（事業者の作業時間）」とする。
> 計測については、以下のように行う。
> ① 各分野の主要な手続について、所管省庁が企業内部でどの程度の時間を要しているかを把握・計測し、公表する。その際、大規模なヒアリングやアンケート調査の実施までは求めない。また、計測時に一定の仮定を置くことも許容する。
> ② 取組の起算点（開始時）は、平成29年度とし、その上で、コストの計測を年度中の計測に最も適切な時期に行う。初回に手続コストを計測したのと同時期に、翌年度以降も手続コストの計測を行い、削減の取組の進捗を管理する。

資料

資料1

（3）取組期間

【検討の経緯・考え方】

○諸外国の事例を見ると、取組期間を5年としている国が多く見られた。

○我が国においては、行政手続コストの早期の削減を求める声が多い。

○他方、大規模な情報システムや法改正、地方公共団体の理解と協力を得た取組の
ためには、ある程度の期間が必要となることも多い。

【取組の内容】

> 取組期間は、3年とする（平成31年度まで）。ただし、事項によっては
> 5年まで許容する（平成33年度まで）。

（注） 取組期間が3年を超える場合には、その必要性について各省庁が十分な説明を
行う。

（4）削減目標

【検討の経緯・考え方】

○行政手続コストの削減対象として、時間（作業時間）を計測することとした
場合、削減目標としては「削減率」が考えられる。

【取組の内容】

> 削減目標は、削減率20%とする。

（注1） 「国税」については、次の事情を踏まえ、削減目標とは別途の数値目標等を定める。

1. 「国税」については、以下の点に留意する必要がある。

① 我が国では、多くの諸外国と異なり、税務訴訟における立証責任が、
通常、課税当局側にあるとされていること。

② 消費税軽減税率制度・インボイス制度の実施、国際的租税回避への対応等
に伴い、今後、事業者の事務負担の大幅な増加が不可避であること。

2. 諸外国の税分野における行政手続コスト削減の要因は明確ではないが、少なく
とも電子申告の利用率の大幅な向上が寄与していると考えられることに鑑み、
次の数値目標を設定する。

① 電子申告の義務化が実現されることを前提として、大法人の法人税・消費
税の申告について、電子申告（e-tax）の利用率100%。

② 中小法人の法人税・消費税の申告について、電子申告（e-tax）の利用率
85%以上。なお、将来的に電子申告の義務化が実現されることを前提とし
て、電子申告（e-tax）の利用率100%。

3．手続の電子化、簡素化等により、事業者の負担感減少に向けた取組を進める。
　　① 電子納税の一層の推進
　　② e-tax の使い勝手の大幅改善（利用満足度に係るアンケートを実施し、取り組む）
　　③ 地方税との情報連携の徹底（法人設立届出書等の電子的提出の一元化、電子申告における共通入力事務の重複排除等）

(注2)　「地方税」については、「国税」と類似の事情を踏まえ、削減目標とは別途の数値目標等を定める。取組に当たっては、地方公共団体の理解・協力を得ながら進める。

1．国税の数値目標も踏まえ、次の数値目標を設定する。
　　① 電子申告の義務化が実現されることを前提として、大法人の法人住民税・法人事業税の申告について、電子申告（eLTAX）の利用率 100%。
　　② 中小法人の法人住民税・法人事業税の申告について、電子申告（eLTAX）の利用率 70%以上。なお、将来的に電子申告の義務化が実現されることを前提として、電子申告（eLTAX）の利用率 100%。

2．手続の電子化、簡素化等により、事業者の負担感減少に向けた取組を進める。
　　① 電子納税の推進
　　② eLTAX の使い勝手の大幅改善（利用満足度に係るアンケートを実施し、取り組む）
　　③ 国税との情報連携の徹底（法人設立届出書等の電子的提出の一元化、電子申告における共通入力事務の重複排除等）

(注3)　「調査・統計に対する協力」については、①統計法に基づく統計調査、②統計調査以外の調査（事業者に対するヒアリング調査など）がある。

①統計法に基づく統計調査については、以下の点を踏まえ、既存の統計調査を削減目標の対象とする。

・統計法に基づく統計調査は、「統計改革の基本方針」（平成 28 年 12 月 21 日経済財政諮問会議）により、生産面を中心に見直した GDP 統計への整備、GDP 統計の精度向上等経済統計の改善が予定されており、新たに整備・改善されるものについては、事業者の負担増が想定されるものの、現時点ではその内容は固まっていない。

　このため、新たに整備・改善される統計調査については、今般の数値目標と計画作成の対象外とするが、その実施に当たっては、行政手続コストの削減の趣旨も踏まえ、事業者の負担の軽減に努めるものとする。

・また、統計改革においては、統計行政部門の構造的課題への対応として、報告者の負担軽減が課題の一つとなっており、既存の統計調査については、その検討状況も踏まえ、行政手続コストの削減に取り組むものとする。

②統計調査以外の調査については、行政手続部会において、別途検討を行う。

４．戦略的な取組の推進（重点分野／重点分野以外）

（１）重点分野
【取組の内容】

> 重点分野については、以下のように計画的取組を進める。
>
> ① 各省庁は、行政手続コストの削減に向けて、「行政手続簡素化の３原則」及び「行政手続コスト削減に際し取り組むべき事項」を踏まえ、取組を進める。その際、可能な事項は速やかに着手する。
> ② 各省庁は、基本計画を、平成 29 年 6 月末までに策定する。
> ③ 平成 29 年 7 月以降、行政手続部会は、各省庁の基本計画について、その取組内容や目標設定を含め幅広く点検し、必要な改善を求める。
> ④ 各省庁は、行政手続部会の見解及び基本計画策定後の取組状況を踏まえ、平成 30 年 3 月までに、基本計画を改定する。
> ⑤ 行政手続部会は、各省庁の取組について、フォローアップを行う。

（２）重点分野以外
【取組の内容】

> 重点分野以外については、以下のように取組を進める。
>
> ① 各省庁は、「行政手続簡素化の３原則」及び「行政手続コスト削減に際し取り組むべき事項」を踏まえ、行政手続コストの削減に向けた取組を進める。
> ② 行政手続部会は、各省庁の取組について、必要に応じて、工程表の提示を求めるなどフォローアップを行う。

Ⅲ　おわりに

　今般の取りまとめにおいては、重点分野、重点分野以外に分けて取組の方針を示した。各省庁におかれては、積極的かつ着実に規制改革、行政手続の簡素化、IT 化の一体的推進に取り組んでいただきたい。

　行政手続部会としても、「Ⅱ 4. 戦略的な取組の推進」に述べたようにフォローアップを行うとともに、残された課題も含めて検討を続けていく。

　規制改革、行政手続の簡素化、IT 化の推進は、行政における不断の課題である。今般の取組のみならず、その取組期間後も含め、持続的に取り組む必要があることは当然である。また、今後、新たな規制を検討する際には、その規制が真に必要なものか、その規制目的に比して規制の手段が事業者の過大な負担とならないか、その遵守のための手続が簡素なものとなっているか、IT 化が適切に行われているか、などあらゆる観点から、事業者目線を踏まえた十分な検討が行われる必要がある。

　また、規制改革、行政手続の簡素化、IT 化の推進は、事業者負担の軽減に資するのみならず、行政機関の事務の効率化にもつながるものである。

　今般の取組については、国の行政機関において積極的に対応する必要があることは当然であるが、事業者ニーズの把握により明らかとなったように、地方公共団体の積極的な取組が重要と考えられる。地方公共団体におかれては、本取組の趣旨をご理解いただき、国の関係機関と一体となって、行政手続コストの削減に協力いただきたい。

　今般の取りまとめに盛り込まれた取組の着実かつスピーディな実施が、事業者の生産性向上を通じ、我が国の力強い経済成長に資することを強く願うものである。

資料

資料
1

行政手続に感じている負担感
（事業者に対するアンケート調査）

参考1

	手続に感じている負担感	計	開始時	継続・拡大時	終了・承継時
1	提出書類の作成の負担が大きい（社内の事務作業（書類収集作業含む）や社外専門家への支払等）	3707	584	2751	372
2	申請様式の記載方法、記載内容が分かりにくい	2205	416	1538	251
3	同じ手続について、組織・部署毎に申請様式等が異なる（例えば、自治体毎、地方部局毎等）	1212	123	982	107
4	手続のオンライン化が全部又は一部されていない（添付書類は紙、CD 等で別途提出が必要等）	1197	166	931	100
5	手続に要する期間（処理期間）が長い	1110	187	838	85
6	同様の書類を、複数の組織・部署・窓口に提出しなければならない	967	202	670	95
7	審査・判断基準が分かりにくい	967	106	818	43
8	同じ手続について、組織・部署・担当者毎により審査・判断基準が異なる	864	98	692	74
9	申請受理後の行政内部の進捗状況が分からない	825	92	658	75
10	手続のオンライン化はされているが使いにくい（紙で提出した方が手続が早く完了する等）	680	67	543	70
11	要求根拠が不明の資料の提出を求められる	526	60	427	39
12	手続に要する期間（処理期間）が事前に示されない	450	57	355	38
13	申請を受理してもらえない	118	15	95	8

（注1）　全ての手続に対する負担感の回答数を合計した値。

（注2）　「計」は、「事業開始時」「事業継続・拡大時」「事業終了・承継時」の、全ての段階の全手続における「負担」という回答を合計した値。

本取組の対象分野
（事業者に対するアンケート調査により整理）

参考2

1．重点分野

	分野		合計		
			回答数	回答 割合（%）	累積% （%）
1	営業の許可・認可に係る手続	各省庁に共通する手続	574	11.2	11.2
2	社会保険に関する手続	個別分野の手続	535	10.4	21.7
3	国税	個別分野の手続	473	9.2	30.9
4	地方税	個別分野の手続	461	9.0	39.9
5	補助金の手続	各省庁に共通する手続	398	7.8	47.7
6	調査・統計に対する協力	各省庁に共通する手続	349	6.8	54.5
7	従業員の労務管理に関する手続	個別分野の手続	287	5.6	60.1
8	商業登記等	個別分野の手続	285	5.6	65.7
9	従業員からの請求に基づく各種証明書類の発行	個別分野の手続	188	3.7	69.3

2．重点分野以外の分野

	分野		回答数	回答割合	累積%
10	従業員の納税に係る事務	個別分野の手続	322	6.3	75.6
11	行政への入札・契約に関する手続	各省庁に共通する手続	145	2.8	78.4
12	施設の安全（消防等）に関する手続	個別分野の手続	129	2.5	81.0
13	建物に関する手続	個別分野の手続	113	2.2	83.2
14	個別品目の輸出・輸入の許可等に関する手続	個別分野の手続	87	1.7	84.9
15	知的財産権の出願・審査に関する手続	個別分野の手続	87	1.7	86.6
16	土地利用に関する手続	個別分野の手続	82	1.6	88.2
17	不動産登記	個別分野の手続	76	1.5	89.7
18	道路、河川等の利用に関する手続	個別分野の手続	70	1.4	91.0
19	環境保全に関する手続	個別分野の手続	67	1.3	92.3
20	税関に対する手続	個別分野の手続	66	1.3	93.6
21	化学品等の安全管理に関する手続	個別分野の手続	60	1.2	94.8
22	株式や事業用資産の承継に関する手続（事業承継時）	個別分野の手続	46	0.9	95.7
23	産業保安に関する手続	個別分野の手続	44	0.9	96.5
24	港湾における手続	個別分野の手続	29	0.6	97.1
25	生活用品、食品等の安全・表示に関する手続	個別分野の手続	28	0.5	97.7
26	その他事業に必要な事項の許可・認可に係る手続	各省庁に共通する手続	22	0.4	98.1
27	生活環境に関する手続	個別分野の手続	21	0.4	98.5
28	その他	その他	77	1.5	100.0

資料

資料
1

行政手続部会　委員・専門委員名簿　　　　　参考3

（委員）

部会長	髙橋　滋	法政大学法学部教授
部会長代理	森下　竜一	大阪大学大学院医学系研究科寄付講座教授
	野坂　美穂	中央大学ビジネススクール大学院戦略経営研究科助教
	原　英史	政策工房代表取締役社長
	吉田　晴乃	ＢＴジャパン代表取締役社長

（専門委員）

	大崎　貞和	野村総合研究所主席研究員
	川田　順一	ＪＸホールディングス取締役副社長執行役員
	國領　二郎	慶應義塾常任理事、慶應義塾大学総合政策学部教授
	佐久間　総一郎	新日鐵住金代表取締役副社長
	堤　香苗	キャリア・マム代表取締役

行政手続部会における審議経過

参考４

第１回	H28.9.20	・部会長代理指名 ・部会の運営について ・規制・行政手続コストの削減に係る経緯と現状 （１）　「日本再興戦略 2016」における経緯等について （２）　諸外国における取組について （３）　我が国における既存の取組について ・行政手続部会の進め方
第２回	H28.10.3	・他部局における先行的取組の検討状況 ・諸外国における行政手続コスト削減に向けた取組 ・「規制・行政手続コスト」の考え方 ・事業者ニーズの把握の進め方
第３回	H28.10.20	・関係者からのヒアリング① 　日本行政書士会連合会、日本税理士会連合会、全国社会保険労務士会連合会
第４回	H28.11.15	・関係者からのヒアリング② 　日本司法書士会連合会、日本経済団体連合会、経済同友会 ・関係省庁からのヒアリング（内閣官房ＩＴ総合戦略室）
第５回	H28.11.21	・関係者からのヒアリング③ 　日本商工会議所、全国商工会連合会、全国中小企業団体中央会、新経済連盟、 　日本貿易振興機構、ビズシード株式会社、株式会社あきない総合研究所
第６回	H28.12.13	・諸外国における取組と我が国の取組に向けた示唆 ・関係者からのヒアリング結果の整理（事業者ニーズの把握関係）
第７回	H28.12.20	・事業者ニーズの把握について ・事業者へのアンケート結果（事業者ニーズの把握関係） ・「規制・行政手続のコスト削減に関する意見募集」の結果（事業者ニーズの 　把握関係） ・他部局における先行的取組の検討状況 ・規制・行政手続コスト削減の重点分野、目標・手法の検討にあたっての論点
第８回	H29.1.19	・事業者ニーズの取りまとめ ・「重点分野」、「削減目標」、「計画的な取組の推進」についての考え方
第９回	H29.1.30	・関係省庁からのヒアリング①（総務省、財務省、経済産業省）
第10回	H29.2.2	・関係省庁からのヒアリング②（法務省、厚生労働省、国土交通省）
第11回	H29.3.6	・取りまとめについての議論
第12回	H29.3.29	・取りまとめ

資料2 「行政手続コスト」削減のための基本計画

（財務省、平成29年6月30日）

省庁名	財　務　省
重点分野名	国　税

1　手続の概要及び電子化の状況

① 手続の概要

　　国税に関する手続については、所得税法、法人税法、消費税法等の各税法において規定され、当該規定に基づき、納税義務者等は、申告、納付、申請・届出等の各行為を行う必要がある。

② 電子化の状況

　　所得税、法人税、消費税等の申告や申請・届出等の各種手続については、国税電子申告・納税システム（e-Tax）により、インターネット等を利用してオンラインで行うことが可能である。

　　オンライン利用が可能な申告や申請・届出等の手続は、「行政手続等における情報通信の技術の利用に関する法律」（オンライン化法）に基づき公表することとされており、平成27年度の実績では434手続（40.3%）[注]となっている。

　[注] 平成23年度におけるオンライン対象手続は930手続（87.1%）であったが、「新たなオンライン利用に関する計画」（23年8月3日IT戦略本部決定）に基づき、手続の発生頻度等の費用対効果を踏まえ、オンライン対象手続の範囲の大幅な見直しを行っている。

　　また、納付手続についても、ダイレクト納付（事前に税務署に届出をすることで、e-Taxによる申告書等の提出後、指定した預貯金口座からの振替により電子納税を行う仕組み）やインターネットバンキング等を通じたオンライン納付を行うことが可能である。

　　なお、主な税目における申告や申請・届出等の手続のオンライン利用率（27年度実績）は次のとおりとなっている。

手続名		オンライン利用率
所得税申告		52.1%
法人税申告		75.4%[※]
消費税申告	個　人	58.8%
	法　人	73.4%
申請・届出等		46.4%
納付		7.0%

(出所)
- ・申告手続：財務省改善取組計画（26 年 9 月 18 日策定、28 年 11 月 30 日改定）
  - （※）なお、国税局調査部所管法人（原則、資本金が 1 億円以上の法人）について、法人税申告のオンライン利用率は 52.1%。
- ・申請・届出等：オンライン化法 10 条 1 項に基づく公表数値により算出。
- ・納付：国税庁調べ（「電子納付件数／（窓口納付件数＋電子納付件数）」により算出）

2　削減方策（コスト削減の取組内容及びスケジュール）

(1)　電子申告の義務化が実現されることを前提として、大法人の法人税・消費税の申告について、電子申告（e-Tax）の利用率 100%

　　大法人の法人税・消費税の電子申告の義務化については、平成 29 年度に検討を開始し、早期に結論を得る。その際、大法人の対象範囲について法人税法上の区分を踏まえて検討するとともに、デジタルファースト原則の下で原則として添付書類も含めて電子申告を義務化する方向で検討する。

(2)　中小法人の法人税・消費税の申告について、電子申告（e-Tax）の利用率 85%以上。なお、将来的に電子申告の義務化が実現されることを前提として、電子申告（e-Tax）の利用率 100%

　　中小法人の法人税・消費税の e-Tax の利用率 85%以上という目標達成に向けて、下記の e-Tax の使い勝手改善等の取組を進めるとともに、税理士や未利用者への個別の利用勧奨や関係団体等を通じた利用勧奨、リーフレット等による広報・周知等、e-Tax の普及に向けた取組を一層進める。

　　また、中小法人の法人税・消費税の e-Tax の利用率の推移等を踏まえ、中小法人の ICT 環境も勘案しつつ、電子申告の義務化も含めた更なる利用率向上のための方策を検討する。

(3)　電子納税の一層の推進

イ　e-Tax の申告情報（納付税額等）の自動引継機能の整備【29 年 6 月実施】
　　インターネットバンキング等を通じたオンライン納付について、ダイレクト納付と同様に、e-Tax による申告情報をシステム上で自動的に引き継ぐ機能を実装し、納付手続の簡便化を図る。

ロ　ダイレクト納付を利用できる預貯金口座の複数登録【30 年 1 月実施予定】
　　ダイレクト納付において、複数の金融機関の預貯金口座の登録を可能とする。

ハ　ダイレクト納付を利用した予納制度の拡充【制度改正を含め検討】
　　ダイレクト納付を利用することで、予納を定期に均等額で行うことや任意のタイミングで行うことを可能とするよう検討する。

資料

資料2

⑷ e-Tax の使い勝手の大幅改善（利用満足度に係るアンケートを実施し、取り組む）

e-Tax 利用者に対して HP 等を通じて e-Tax の操作性等の利用満足度に係るアンケートを実施し、以下の新規施策を含め、e-Tax の使い勝手の検証・改善に取り組む。

イ　マイナポータルの利活用の推進

（イ）　マイナポータルから e-Tax へのシームレスな認証連携【29 年 1 月実施】
マイナンバーカードを用いてマイナポータルにログインすることにより、e-Tax 用の ID・PW を入力することなく e-Tax へのログインを可能とする。

（ロ）　マイナポータルの「お知らせ」機能の活用【31 年 1 月以降順次実施に向けて検討】
e-Tax のメッセージボックスに格納している情報（予定納税額や振替納税利用金融機関名等の申告に関する情報）や各種説明会の開催案内等の情報をマイナポータルの「お知らせ」機能を活用して、他の行政機関の情報と併せて一元的な閲覧を可能とする。

ロ　認証手続等の簡便化

（イ）　マイナポータルから e-Tax へのシームレスな認証連携【29 年 1 月実施】（再掲）

（ロ）　個人納税者の e-Tax 利用の認証手続の簡便化【31 年 1 月実施予定】
個人納税者がマイナンバーカードに搭載された電子証明書を用いて e-Tax を利用する場合において、ID・PW の入力を省略する。また、マイナンバーカード及び IC カードリーダライタの未取得者を念頭に、厳格な本人確認に基づき税務署長が通知した ID・PW のみによる e-Tax の利用を可能とする。

（ハ）　法人納税者の e-Tax メッセージボックスの閲覧方法の改善
【30 年度実施に向けて検討】
法人納税者が e-Tax を利用する際、経理担当者が申告書等を作成・送信し、給与担当者が従業員の源泉徴収票を作成・送信するなど、部署単位で手続を行っている場合において、現状、メッセージボックスがどの部署でも閲覧可能な状態を改め、部署単位で情報を管理できるようメッセージボックスの閲覧方法の改善を行う。

（ニ）　法人納税者の e-Tax 利用の電子署名の簡便化【制度改正を含め検討】
法人納税者が e-Tax を利用して申告手続を行う際の電子署名の簡便化策について検討する。

ハ　申告書等の送信手続の利便性向上

（イ）　申告書等の送信容量の拡大【30年度実施に向けて検討】

　　e-Taxにより申告書等（申告書、勘定科目内訳明細書、第三者作成の添付書類等）を送信する場合において、利用実態やシステムのパフォーマンスやディスク容量等の影響も考慮の上、1送信当たりのデータ容量（現状、申告書：1送信当たり10MB、添付書類のイメージデータ：1送信当たり1.5MBの制限）を拡大する。

（ロ）　e-Taxソフトにおける財務諸表の勘定科目設定機能の実装
【30年度実施に向けて検討】

　　e-Taxソフトにより財務諸表データを作成する場合に、企業の簡易な操作（国税庁指定の約1,600の勘定科目に関連付け）により、企業が利用している勘定科目名の設定を可能とする。

　（参考）民間ソフトベンダーに対しても、同様の対応が可能となるよう働きかけを行う。

ニ　e-Tax利用による手続簡素化（地方税との情報連携施策は後掲）
【31年度実施に向けて検討】

　法人番号の入力により法人名称等の情報を自動反映する機能をe-Taxに実装するなど、e-Taxを利用して申告・申請・届出等の手続を行う場合における事業者の負担感軽減のための施策を検討する。

ホ　e-Tax受付時間の更なる拡大【30年度実施に向けて検討】

　e-Taxの受付時間について、確定申告期間の土日も含む24時間受付及び5月、8月、11月の最終土日の受付（8：30から24：00）など順次拡大を図っているところ、その後の利用状況や利用者ニーズ等を踏まえ、更なる拡大を図る。

⑸　地方税との情報連携の徹底（法人設立届出書等の電子的提出の一元化、電子申告における共通入力事務の重複排除等）

イ　電子的提出の一元化等

（イ）　地方団体で作成した所得税確定申告書データの引継ぎの推進
【地方団体の理解・協力が前提】

　　地方税当局の申告相談会場において、申告書作成システムを利用して電子的に作成された所得税及び復興特別所得税申告書等について、e-Taxへのデータによる引継ぎを推進する。　　　　　　　　　　　　　　　－ワンスオンリー原則－

　（注）29年1月以降、地方税当局による本人確認を前提として、納税者の電子署名及び電子証

明書を不要とするとともに、自宅等からのe-Taxと同様、第三者作成の添付書類について、その記載内容を入力することで、当該書類の提出又は提示を省略可能としている。

（ロ）　給与・公的年金等の源泉徴収票及び支払報告書の電子的提出の一元化の推進

29年1月以降、国税当局と地方税当局それぞれに提出している給与・公的年金等の源泉徴収票及び支払報告書について、eLTAXでのデータの一括作成及び提出（電子的提出の一元化）を可能としたところ、この取組を推進する。

－ワンスオンリー原則－

（ハ）　法人納税者の開廃業・異動等に係る申請・届出手続の電子的提出の一元化
【31年度実施に向けて検討】

法人納税者が設立又は納税地異動等の際に国税当局と地方税当局それぞれに提出している各種届出書等について、データの一括作成及び電子的提出の一元化を可能とする。

（参考）個人納税者の上記同様の手続について、地方税当局のデータ様式の統一化等の検討状況を踏まえ、データの一括作成及び電子的提出の一元化を可能とするよう検討する。　　　　　　　　　　　　　－ワンスオンリー原則－

（ニ）　法人税及び地方法人二税の電子申告における共通入力事務の重複排除
【総務省と連携して31年度実施に向けて検討】

法人住民税・法人事業税（地方法人二税）の電子申告手続時の複数自治体への申告に共通する事項の重複入力の排除の検討・実現に併せ、総務省と連携して、民間ソフトベンダーへの仕様公開方法の改善や法人税申告情報のインポート機能の実装等を通じて、法人税及び地方法人二税の電子申告における共通入力事務の重複排除に向けて取り組む。　　　　　　　　　　－ワンスオンリー原則－

ロ　国と地方の情報連携等

（イ）　e-Taxとe-LTAXの仕様の共通化の推進【29年度以降順次実施】

e-Taxとe-LTAX双方の利便性を向上させるため、民間ソフトベンダーの開発環境を改善する観点から、民間ソフトベンダー各社のニーズ等を踏まえつつ、各仕様の内容及び公開方法の共通化を実施する。

（ロ）　e-Taxソフトとe-LTAXソフト（PCdesk）との連携の推進
【31年度実施に向けて検討】

上記イ（電子的提出の一元化等）に掲げる開廃業・異動等に係る申請・届出手続など、利用者ニーズの高い手続について、e-Taxとe-LTAX双方のソフト間の連携等を図る。　　　　　　　　　　　　　　　　－ワンスオンリー原則－

⑹　その他

　　行政手続部会取りまとめにおいて明記されている施策ではないが、事業者の負担感の軽減に資するものとして以下の施策にも取り組む。

イ　異動届出書等の提出先の一元化【29 年 4 月実施】

　　異動前後の所轄税務署に提出が必要とされている異動届出書等について、異動元の所轄税務署へ提出先を一元化（異動後の所轄税務署への提出を省略）を実施した。

－ワンスオンリー原則－

ロ　登記事項証明書（商業）の添付省略【29 年 4 月一部実施】

　　「登記・法人設立等関係手続の簡素化・迅速化に向けたアクションプラン」（平成 28 年 10 月 31 日 CIO 連絡会議決定）に基づき、29 年 4 月以降、法人納税者の開廃業に係る手続において必要とされる「登記事項証明書（商業）」の添付省略を実施した。

　　また、開廃業時以外の手続についても、このアクションプランに沿って、法務省が平成 32 年度に構築することとなっている、行政機関に対する登記情報を提供する仕組を活用することにより、「登記事項証明書（商業）」の添付省略の実施に向けて、関係省庁と検討を行う。　　　　　　　　　　　　　　　　　　　　　－ワンスオンリー原則－

ハ　差額課税に係る酒税納税申告書の提出頻度削減【29 年 4 月実施】

　　「沖縄の復帰に伴う特別措置に関する法律」に規定する差額課税に係る酒税納税申告書について、都度申告のところを月ごとにまとめて申告することを可能とした。

ニ　印紙税一括納付承認申請の提出頻度削減【制度改正を含め検討】

　　毎年提出が必要とされる印紙税一括納付承認申請について、承認内容の変更がない限り、再度の申請を不要とするよう検討する。　　　　　　　　　　－ワンスオンリー原則－

ホ　揮発油税に係る未納税移出・移入の手続の簡素化【制度改正を含め検討】

　　揮発油等の未納税移出入時に必要な手続について、一定の要件に該当する場合には移入証明書等の税務署への提出を不要とするよう検討する。

ヘ　石油ガス税・揮発油税の電子申告対応【31 年度実施に向けて検討】

　　石油ガス税・揮発油税について、電子申告を可能とする。

－デジタルファースト原則－

なお、以上の取組の全体を通じて、下記の点に留意が必要。

※　システム開発を要する施策については、予算措置が前提となるため、実施時期等に変更が生じる場合があり得る。

※　また、制度改正を含め検討する施策については、制度改正に係る検討や与党との協議を行う中で、取組内容等に変更が生じる場合があり得る。

※　地方税との情報連携については、地方団体側の理解と協力が必要。

国税 参考資料（財務省）

＜目次＞

行政手続等における情報通信の技術の利用に関する法律 ・・・・・・・・・・・・・・・・・・・・ 131

国税通則法 ・・ 132

国税関係法令に係る行政手続等における情報通信の技術の利用に関する省令 ・・・ 133

法人税法 ・・・ 137

○行政手続等における情報通信の技術の利用に関する法律（抄）

（電子情報処理組織による申請等）

第三条　行政機関等は、申請等のうち当該申請等に関する他の法令の規定により書面等により行うこととしているものについては、当該法令の規定にかかわらず、主務省令で定めるところにより、電子情報処理組織（行政機関等の使用に係る電子計算機（入出力装置を含む。以下同じ。）と申請等をする者の使用に係る電子計算機とを電気通信回線で接続した電子情報処理組織をいう。）を使用して行わせることができる。

2　前項の規定により行われた申請等については、当該申請等を書面等により行うものとして規定した申請等に関する法令の規定に規定する書面等により行われたものとみなして、当該申請等に関する法令の規定を適用する。

3　第一項の規定により行われた申請等は、同項の行政機関等の使用に係る電子計算機に備えられたファイルへの記録がされた時に当該行政機関等に到達したものとみなす。

4　第一項の場合において、行政機関等は、当該申請等に関する他の法令の規定により署名等をすることとしているものについては、当該法令の規定にかかわらず、氏名又は名称を明らかにする措置であって主務省令で定めるものをもって当該署名等に代えさせることができる。

（電子情報処理組織による処分通知等）

第四条　行政機関等は、処分通知等のうち当該処分通知等に関する他の法令の規定により書面等により行うこととしているものについては、当該法令の規定にかかわらず、主務省令で定めるところにより、電子情報処理組織（行政機関等の使用に係る電子計算機と処分通知等を受ける者の使用に係る電子計算機とを電気通信回線で接続した電子情報処理組織をいう。）を使用して行うことができる。

2　前項の規定により行われた処分通知等については、当該処分通知等を書面等により行うものとして規定した処分通知等に関する法令の規定に規定する書面等により行われたものとみなして、当該処分通知等に関する法令の規定を適用する。

3　第一項の規定により行われた処分通知等は、同項の処分通知等を受ける者の使用に係る電子計算機に備えられたファイルへの記録がされた時に当該処分通知等を受ける者に到達したものとみなす。

4　第一項の場合において、行政機関等は、当該処分通知等に関する他の法令の規定により署名等をすることとしているものについては、当該法令の規定にかかわらず、氏名又は名称を明らかにする措置であって主務省令で定めるものをもって当該署名等に代えることができる。

（手続等に係る電子情報処理組織の使用に関する状況の公表）

第十条　行政機関等（第二条第二号ハに掲げるもの並びに同号ホに掲げる者及び
その者の長（次条において「地方公共団体等」という。）を除く。）は、少なく
とも毎年度一回、当該行政機関等が電子情報処理組織を使用して行わせ又は行
うことができる申請等及び処分通知等その他この法律の規定による情報通信の
技術の利用に関する状況について、インターネットの利用その他の方法により
公表するものとする。

2　総務大臣は、少なくとも毎年度一回、前項の規定により公表された事項を取
りまとめ、その概要について、インターネットの利用その他の方法により公表
するものとする。

○国税通則法（抄）

（納付の手続）

第三十四条　国税を納付しようとする者は、その税額に相当する金銭に納付書（納
税告知書の送達を受けた場合には、納税告知書）を添えて、これを日本銀行（国
税の収納を行う代理店を含む。）又はその国税の収納を行う税務署の職員に納
付しなければならない。ただし、証券をもつてする歳入納付に関する法律（大正
五年法律第十号）の定めるところにより証券で納付すること又は財務省令で定
めるところによりあらかじめ税務署長に届け出た場合に財務省令で定める方法
により納付すること（自動車重量税（自動車重量税法（昭和四十六年法律第八
十九号）第十四条（税務署長による徴収）の規定により税務署長が徴収するも
のとされているものを除く。）又は登録免許税（登録免許税法（昭和四十二年
法律第三十五号）第二十九条（税務署長による徴収）の規定により税務署長が
徴収するものとされているものを除く。）の納付にあつては、自動車重量税法第
十条の二（電子情報処理組織による申請又は届出の場合の納付の特例）又は登
録免許税法第二十四条の二（電子情報処理組織による登記等の申請等の場合の
納付の特例）に規定する財務省令で定める方法により納付すること）を妨げな
い。

2　印紙で納付すべきものとされている国税は、前項の規定にかかわらず、国税
に関する法律の定めるところにより、その税額に相当する印紙をはることによ
り納付するものとする。印紙で納付することができるものとされている国税を
印紙で納付する場合も、また同様とする。

3　物納の許可があつた国税は、第一項の規定にかかわらず、国税に関する法律
の定めるところにより、物納をすることができる。

〇国税関係法令に係る行政手続等における情報通信の技術の利用に関する省令

第一章　総則

（趣旨）

第一条　国税関係法令に係る手続等を、行政手続等における情報通信の技術の利用に関する法律（平成十四年法律第百五十一号。以下「情報通信技術利用法」という。）第三条及び第四条の規定に基づき又は準じて、並びに国税通則法（昭和三十七年法律第六十六号）第三十四条第一項の規定に基づき、電子情報処理組織又は電磁的記録を使用して行わせ、又は行う場合については、この省令の定めるところによる。

（定義）

第二条　この省令において、次の各号に掲げる用語の意義は、当該各号に定めるところによる。

一　電子署名　電子署名及び認証業務に関する法律（平成十二年法律第百二号）第二条第一項に規定する電子署名をいう。

二　電子証明書　申請等を行う者又は行政機関等が電子署名を行ったものであることを確認するために用いられる事項がこれらの者に係るものであることを証明するために作成する電磁的記録で、次のイからハまでのいずれかに該当するものをいう。

イ　商業登記法（昭和三十八年法律第百二十五号）第十二条の二第一項及び第三項（これらの規定を他の法令の規定において準用する場合を含む。）の規定に基づき登記官が作成したもの

ロ　電子署名等に係る地方公共団体情報システム機構の認証業務に関する法律（平成十四年法律第百五十三号）第三条第一項に基づき地方公共団体情報システム機構が作成したもの

ハ　イ及びロに掲げるもののほか、これらと同様の機能を有する電磁的記録として国税庁長官が定めるもの

2　前項に規定するもののほか、この省令で使用する用語は、情報通信技術利用法で使用する用語の例による。

第二章　申請等及び納付手続

（申請等の指定）

第三条　情報通信技術利用法第三条第一項の規定に基づき又は準じて、電子情報処理組織を使用して行わせることができる申請等は、別表に掲げる法令の規定に基づき税務署長等（税務署長、国税局長、国税庁長官、徴収職員（国税徴収法（昭和三十四年法律第百四十七号）第二条第十一号に規定する徴収職員をいう。）、国税不服審判所長、担当審判官又は国税審議会会長をいう。以下同じ。）

資料

資料2

133

に対して行われる申請等とする。

（事前届出）

第四条　電子情報処理組織を使用して申請等を行おうとする者又は国税通則法第三十四条第一項ただし書の規定により第七条第一項に定める方法による国税の納付（第四項に規定する国税の納付手続により行うものを除く。）を行おうとする者は、次に掲げる事項をあらかじめ税務署長に届け出なければならない。

　　一　次に掲げる者の区分に応じ、それぞれ次に定める事項

　　　イ　別表第一号から第五十九号までに掲げる法令の規定に基づき当該申請等を行おうとする者又は当該国税の納付を行おうとする者　氏名（法人については、名称。以下この号及び第四項第一号において同じ。）、住所又は居所及び法人番号（行政手続における特定の個人を識別するための番号の利用等に関する法律（平成二十五年法律第二十七号）第二条第十五項に規定する法人番号をいう。以下この号及び第四項第一号において同じ。）（法人番号を有しない者にあっては、氏名及び住所又は居所）

　　　ロ　別表第六十号から第七十六号までに掲げる法令の規定に基づき当該申請等を行おうとする者　氏名及び住所又は居所

　　二　対象とする手続の範囲

　　三　その他参考となるべき事項

2　税務署長は、前項の届出を受理したときは、当該届出をした者（次項に規定する者を除く。）に対し、識別符号及び暗証符号を通知し、前項の申請等又は国税の納付手続に利用することができる入出力用プログラムを提供するものとする。

3　税務署長は、第一項の届出が国税の納付手続に利用できるものとして金融機関が提供するプログラムのみを使用して行う国税の納付手続（第七条第一項において「特定納付手続」という。）のみに係るものであるときは、当該届出をした者に対し、識別符号を通知するものとする。

4　国税通則法第三十四条第一項ただし書の規定により第七条第一項に定める方法による国税の納付を行おうとする者のうち、第一項の規定により申請等を行うために届出を行おうとする者又は第二項の識別符号及び暗証符号の通知を受けた者で、同項の入出力用プログラム又はこれと同様の機能を有するもののみを使用して国税の納付手続を行おうとするものは、次に掲げる事項をあらかじめ税務署長に届け出なければならない。

　　一　氏名、住所又は居所及び法人番号（法人番号を有しない者にあっては、氏名及び住所又は居所）

　　二　国税の納付手続に利用する預金口座又は貯金口座のある金融機関の名称並びに当該口座の種別及び口座番号

　　三　その他参考となるべき事項

5　次に掲げる者の区分に応じ、それぞれ次に定める届出事項に変更が生じるこ

ととなったときは、遅滞なく、その旨を税務署長に届け出なければならない。

一　第一項の届出をした者　同項第二号及び第三号の届出事項

二　前項の届出をした者　同項第二号及び第三号の届出事項

6　税務署長は、既に第三項の規定により識別符号の通知を受けている者が、第一項第二号の届出事項に変更が生じることとなったことにより前項第一号の届出をした場合には、当該届出をした者に対し、暗証符号を通知し、第一項の申請等又は国税の納付手続に利用することができる入出力用プログラムを提供するものとする。

7　電子情報処理組織を使用して第一項又は第五項第一号の届出を行う者は、国税庁の使用に係る電子計算機と電気通信回線を通じて通信できる機能を備えた電子計算機から、これらの規定により税務署長に届け出なければならないこととされている事項を入力して送信することにより、当該届出を行わなければならない。

（電子情報処理組織による申請等）

第五条　電子情報処理組織を使用して申請等（前条第一項、第四項又は第五項の規定による届出を除く。）を行う者は、同条第二項の入出力用プログラム又はこれと同様の機能を有するものを用いて、国税庁の使用に係る電子計算機と電気通信回線を通じて通信できる機能を備えた電子計算機から、当該申請等につき規定した法令の規定において書面等に記載すべきこととされている事項並びに同項の規定により通知された識別符号及び暗証符号を入力して、当該申請等の情報に電子署名を行い、当該電子署名に係る電子証明書と併せてこれらを送信することにより、当該申請等を行わなければならない。ただし、当該電子署名が国税庁長官が定める者に係るものである場合には、当該申請等の情報に当該者に係る電子署名を行うこと及び当該電子署名に係る電子証明書を送信することを要しない。

2　前項の申請等が行われる場合において、税務署長等は、当該申請等につき規定した法令の規定に基づき添付すべきこととされている書面等（以下この条において「添付書面等」という。）に記載されている事項又は記載すべき事項（以下この項において「記載事項」という。）を次に掲げる方法により送信させることをもって、当該添付書面等の提出に代えさせることができる。

一　当該記載事項を当該申請等に併せて入力して送信する方法

二　当該記載事項をスキャナにより読み取る方法その他の方法により作成した電磁的記録を当該申請等と併せて送信する方法（前号に掲げる方法につき国税庁の使用に係る電子計算機において用いることができない場合に限る。）

3　前項の場合において、国税庁長官が定める添付書面等に記載されている事項又は記載すべき事項を送信するときは、税務署長等は、国税庁長官が定める期間、当該送信に係る事項の確認のために必要があるときは、当該添付書面等を

提示又は提出させることができる。

4　第二項の規定は、申請等を行った者が前項の規定による提示又は提出に応じない場合には、当該提示又は提出に応じない添付書面等については、適用しない。

5　第一項の申請等が行われる場合において、添付書面等が登記事項証明書であるときは、税務署長等がこれに代わるべき電気通信回線による登記情報の提供に関する法律（平成十一年法律第二百二十六号）第二条第一項に規定する登記情報の送信を同法第三条第一項の規定による指定を受けた者から受けるのに必要な情報であって、当該者から送信を受けたものを送信させることをもって、当該添付書面等の提出に代えさせることができる。

6　第一項の規定により電子情報処理組織を使用して国税通則法第百二十三条第一項の証明書の交付を請求する者は、国税通則法施行令（昭和三十七年政令第百三十五号）第四十二条第一項の手数料のほか送付に要する費用を納付して、当該証明書の送付を求めることができる。この場合において、当該費用の納付は、国税局長又は税務署長から得た納付情報により納付する方法によってしなければならない。

（申請等において氏名等を明らかにする措置）
第六条　情報通信技術利用法第三条第四項に規定する主務省令で定めるものは、電子情報処理組織を使用して行う申請等の情報に電子署名を行い、当該電子署名に係る電子証明書を当該申請等と併せて送信すること又は第四条第二項の規定により通知された識別符号及び暗証符号を入力して申請等を行うことをいう。

（電子情報処理組織による納付手続）
第七条　国税通則法第三十四条第一項ただし書に規定する財務省令で定める方法は、国税庁の使用に係る電子計算機と電気通信回線を通じて通信できる機能を備えた電子計算機から、国税通則法第三十四条第一項に規定する納付書に記載すべきこととされている事項並びに特定納付手続を行う者にあっては識別符号を、特定納付手続以外の納付手続を行う者にあっては第四条第二項の入出力用プログラム又はこれと同様の機能を有するものを用いて識別符号及び暗証符号を、それぞれ入力して納付する方法とする。

2　前項又は国税通則法第三十四条の三第一項（第二号に係る部分に限る。）の規定により所得税を納付しようとする者であって、所得税法（昭和四十年法律第三十三号）第二百二十条又は租税特別措置法施行令（昭和三十二年政令第四十三号）第二十五条の十の十一第六項若しくは第二十六条の十第一項の規定に該当するものは、これらの規定に規定する計算書については、第五条の規定により申請等を行わなければならない。

第三章　処分通知等

（電子情報処理組織による処分通知等）

第八条　情報通信技術利用法第四条第一項の規定により電子情報処理組織を使用して行うことができる処分通知等は、第五条の規定により電子情報処理組織を使用して行われた国税通則法第百二十三条第一項及び租税特別措置法（昭和三十二年法律第二十六号）第九十七条の請求に対してこれらの規定により行う証明書の交付とする。

2　税務署長等は、前項の証明書の交付を行うときは、国税通則法第百二十三条第一項又は租税特別措置法第九十七条に規定する証明書に記載すべきこととされている事項を国税庁の使用に係る電子計算機から入力し、その入力した情報に電子署名を行い、当該電子署名に係る電子証明書と併せてこれらを国税庁の使用に係る電子計算機に備えられたファイルに、当該証明書の交付を受ける者が入手可能な状態で記録しなければならない。

（処分通知等において氏名等を明らかにする措置）

第九条　国税通則法第百二十三条第一項及び租税特別措置法第九十七条の規定に基づく処分通知等において記載すべき事項とされた署名等に代わるものであって、情報通信技術利用法第四条第四項に規定する主務省令で定めるものは、電子情報処理組織を使用して行う処分通知等の情報に電子署名を行い、当該電子署名に係る電子証明書を当該処分通知等と併せて国税庁の使用に係る電子計算機に備えられたファイルに記録することをいう。

第四章　雑則

（手続の細目）

第十条　この省令に定めるもののほか、電子情報処理組織の使用に係る手続に関し必要な事項及び手続の細目については、別に定めるところによる。

○法人税法（抄）

（内国普通法人等の設立の届出）

第百四十八条　新たに設立された内国法人である普通法人又は協同組合等は、その設立の日以後二月以内に、次に掲げる事項を記載した届出書にその設立の時における貸借対照表その他の財務省令で定める書類を添付し、これを納税地（連結子法人にあつては、その本店又は主たる事務所の所在地。第一号において同じ。）の所轄税務署長に提出しなければならない。

一　その納税地

二　その事業の目的

三　その設立の日

2　第四条の七（受託法人等に関するこの法律の適用）に規定する受託法人に係る前項の規定の適用については、同項中「協同組合等」とあるのは「協同組合等（法人課税信託の受託者が二以上ある場合には、その法人課税信託の信託事務を主宰する受託者（以下この項において「主宰受託者」という。）以外の受託者を除く。）」と、「次に掲げる事項」とあるのは「次に掲げる事項及びその法人課税信託の名称（その法人課税信託の受託者が二以上ある場合には、主宰受託者以外の受託者の名称又は氏名及び納税地又は本店若しくは主たる事務所の所在地若しくは住所若しくは居所を含む。）」とする。

| 資料3 | 「行政手続コスト」削減のための基本計画 |

（総務省、平成29年6月30日）

省庁名	総 務 省
重点分野名	地 方 税

1 手続の概要及び電子化の状況

① 手続の概要

地方税に関する手続については、地方税法において規定されるとともに各地方団体が条例で定めており、これらの規定等に基づき、納税義務者等は、申告、納付、申請・届出等の各行為を行う必要がある。

② 電子化の状況

法人住民税・法人事業税（地方法人二税）等の地方税の申告については、全地方団体に対して、地方税ポータルシステム（eLTAX）により、インターネットを利用してオンラインで行うことが可能である。法人設立届出等の各地方団体の条例等に基づき求めている申請・届出等についても、eLTAX により、インターネットを利用してオンラインで行うことが可能である。

また、eLTAX での電子申告と連動した納付手続については、22 団体においてインターネットバンキング等を通じたオンライン納付を行うことが可能である。

なお、地方法人二税における申告手続のオンライン利用率（平成27年度実績）は56.1%となっている。

2 削減方策（コスト削減の取組内容及びスケジュール）

(1) 電子申告の義務化が実現されることを前提として、大法人の法人住民税・法人事業税の申告について、電子申告（eLTAX）の利用率100%

大法人の地方法人二税の電子申告の義務化については、平成29年度に検討を開始し、早期に結論を得る。その際、大法人の対象範囲について国税の状況等を踏まえて検討するとともに、デジタルファースト原則の下で原則として添付書類も含めて電子申告を義務化する方向で検討する。

(2) 中小法人の法人住民税・法人事業税の申告について、電子申告（eLTAX）の利用率70%以上。なお、将来的に電子申告の義務化が実現されることを前提として、電子申告（eLTAX）の利用率100%

中小法人の地方法人二税の eLTAX の利用率 70%以上という目標達成に向けて、下記の eLTAX の使い勝手改善等の取組を進めるとともに、地方団体の協力を得つつ、利用勧奨や広報・周知等、eLTAX の普及に向けた取組を一層進める。

また、中小法人の地方法人二税の eLTAX の利用率の推移等を踏まえ、中小法人の ICT 環境も勘案しつつ、電子申告の義務化も含めた更なる利用率向上のための方策を検討する。

(3) 電子納税の推進 【制度改正を含めて検討】

電子納税の推進は、納税者の利便性の向上と地方団体等の事務負担軽減の観点から意義があるが、導入の手間や費用の観点から地方団体における対応が進んでいないのが現状である。地方税については、法人は地方法人二税や従業員から特別徴収した個人住民税など、複数の地方団体に納税しなければならない場合が多いことから、納税先の地方団体全てが電子納税に対応していなければ、そのメリットは少ないものと考えられる。

このような課題を踏まえ、平成 29 年度与党税制改正大綱に沿って「地方公共団体が共同で収納を行う方策」（共同収納）について、制度改正を含め検討を行う。その際、ダイレクト納付の導入についても検討する。

(4) eLTAX の使い勝手の大幅改善 （利用満足度に係るアンケートを実施し、取り組む）

eLTAX 利用者に対して HP 等を通じて eLTAX の操作性等の利用満足度に係るアンケートを実施し、以下の新規施策を含め、eLTAX の使い勝手の検証・改善に取り組む。

イ eLTAX の利便性向上に資する地方税の共同収納の検討【制度改正を含めて検討】

前掲(3)の検討に当たっては、eLTAX の利用者が電子申告と電子納税を一連の手続として行えるような仕組みとすることで、eLTAX の利便性の向上にも資するものとする。

ロ 複数地方団体への電子申請、電子申告の利便性向上

（イ） 複数地方団体への法人設立届出書等の電子的提出の一元化
【平成 31 年 9 月実施予定】

複数地方団体へ同一内容の法人設立届出書等を電子的に提出する際に、電子的提出の一元化を可能とする。

また、その提出の際に必要となる各地方団体への電子署名について、一括付与を可能とする。

なお、「登記・法人設立等関係手続の簡素化・迅速化に向けたアクションプラン」（平成 28 年 10 月 31 日 CIO 連絡会議決定）に基づき、法務省が平成 32 年度に構築することとなっている、行政機関に対する登記情報を提供する仕組を活用することにより、「登記事項証明書（商業）」の添付省略を図ることを検討する。
　　　　　　　　　　　　　　　　　　　　　　　　　　　　　　　　－ワンスオンリー原則－

（ロ）　地方団体間の地方法人二税の共通入力事務の重複排除
【平成 31 年 9 月実施予定】

　　複数地方団体へ地方法人二税の電子申告を行う際に、共通項目を一括で入力し、その後に個別項目を入力することで地方団体間の共通入力事務の重複排除を可能とする。

　　また、その申告の際に必要となる各地方団体への電子署名について、一括付与を可能とする。　　　　　　　　　　　　　　　　　－ワンスオンリー原則－

ハ　eLTAX 受付時間の更なる拡大について検討【順次検討】

　　eLTAX の受付時間について、給与支払報告書の提出期間、所得税確定申告期間及び地方法人二税申告集中期間については土日も含み、8：30 から 24：00 まで運用するなど順次拡大を図っているところ、更なる拡大について費用対効果や地方団体の意向等を踏まえて検討する。

ニ　その他の eLTAX ソフト（PCdesk）の利便性向上

（イ）　異動届出書提出時の利用者情報への自動反映【平成 31 年 9 月実施予定】
　　法人納税者が異動届出書を提出した際に、eLTAX に登録されている当該法人納税者の情報への自動反映を可能とする。

（ロ）　メッセージボックスの閲覧方法の改善【平成 31 年 9 月実施予定】
　　eLTAX ソフト（PCdesk）の WEB 版の機能拡充及びスマートフォン版の導入により、インターネットからメッセージボックスの内容を閲覧できるようにする。

（ハ）　ヘルプデスクの環境整備【平成 31 年 9 月実施予定】
　　利用者の質問への対応を充実させるため、ヘルプデスクの環境を整備するなどの対応を行う。

（ニ）　利用可能文字の拡大【平成 31 年 9 月実施予定】
　　e-Tax における利用可能文字に対応する。

⑸　国税との情報連携の徹底（法人設立届出書等の電子的提出の一元化、電子申告における共通入力事務の重複排除等）

イ　電子的提出の一元化等

（イ）　地方団体で作成した所得税確定申告書データの引継ぎの推進

地方団体の申告相談会場において、申告書作成システムを利用して電子的に作成された所得税及び復興特別所得税申告書等について、e-Tax へのデータによる引継ぎを推進する。　　　　　　　　　　　　　－ワンスオンリー原則－

（注）国税当局において、平成 29 年 1 月以降、地方団体による本人確認を前提として、納税者の電子署名及び電子証明書を不要とするとともに、自宅等からの e-Tax と同様、第三者作成の添付書類について、その記載内容を入力することで、当該書類の提出又は提示を省略可能としている。

（ロ）　給与・公的年金等の源泉徴収票及び支払報告書の電子的提出の一元化の推進
　　　平成 29 年 1 月以降、国税当局と地方団体それぞれに提出している給与・公的年金等の源泉徴収票及び支払報告書について、eLTAX でのデータの一括作成及び電子的提出の一元化を可能としたところ、この取組を推進する。
　　　　　　　　　　　　　　　　　　　　　　　　　－ワンスオンリー原則－

（ハ）　法人納税者の開廃業・異動等に係る申請・届出手続の電子的提出の一元化
【平成 31 年度実施に向けて検討】
　　　法人納税者が設立又は異動等の際に国税当局と地方団体それぞれに提出している各種届出書等について、データの一括作成及び電子的提出の一元化を可能とする。

（参考）個人納税者の上記同様の手続きについて、データ様式の統一化等の検討を行い、データの一括作成及び電子的提出の一元化を可能とするよう検討する。　　　　　　　　　　　　　　　　－ワンスオンリー原則－

（ニ）　法人税及び地方法人二税の電子申告における共通入力事務の重複排除
【平成 31 年度実施に向けて検討】
　　　地方法人二税の電子申告手続時の複数地方団体への申告に共通する事項の重複入力の排除の検討・実現に併せ、民間ソフトベンダーへの仕様公開方法の改善や法人税申告情報のインポート機能の実装等を通じて、法人税及び地方法人二税の電子申告における共通入力事務の重複排除に向けて取り組む。
　　　　　　　　　　　　　　　　　　　　　　　　　－ワンスオンリー原則－

ロ　国と地方の情報連携等

（イ）　e-Tax と eLTAX の仕様の共通化の推進【平成 29 年度以降順次実施】
　　　e-Tax と eLTAX 双方の利便性を向上させるため、民間ソフトベンダーの開発環境を改善する観点から、民間ソフトベンダー各社のニーズ等を踏まえつつ、各仕様の内容及び公開方法の共通化を実施する。

（ロ）　e-Tax ソフトと eLTAX ソフト（PCdesk）との連携の推進
【平成 31 年度実施に向けて検討】
　　上記イ（電子的提出の一元化等）に掲げる開廃業・異動等に係る申請・届出手続など、利用者ニーズの高い手続について、e-Tax と eLTAX 双方のソフト間の連携等を図る。　　　　　　　　　　　　　　　　　　－ワンスオンリー原則－

なお、以上の取組の全体を通じて、下記の点に留意が必要。
　※　地方団体の理解と協力等が前提となるため、取組内容や実施時期等に変更が生じる場合があり得る。

参考資料

〇行政手続等における情報通信の技術の利用に関する法律（平成十四年十二月十三日法律第百五十一号）（抄）

（電子情報処理組織による申請等）

第三条　行政機関等は、申請等のうち当該申請等に関する他の法令の規定により書面等により行うこととしているものについては、当該法令の規定にかかわらず、主務省令で定めるところにより、電子情報処理組織（行政機関等の使用に係る電子計算機（入出力装置を含む。以下同じ。）と申請等をする者の使用に係る電子計算機とを電気通信回線で接続した電子情報処理組織をいう。）を使用して行わせることができる。

2　前項の規定により行われた申請等については、当該申請等を書面等により行うものとして規定した申請等に関する法令の規定に規定する書面等により行われたものとみなして、当該申請等に関する法令の規定を適用する。

3　第一項の規定により行われた申請等は、同項の行政機関等の使用に係る電子計算機に備えられたファイルへの記録がされた時に当該行政機関等に到達したものとみなす。

4　第一項の場合において、行政機関等は、当該申請等に関する他の法令の規定により署名等をすることとしているものについては、当該法令の規定にかかわらず、氏名又は名称を明らかにする措置であって主務省令で定めるものをもって当該署名等に代えさせることができる。

| 資料4 | 平成30年度税制改正大綱 |

（閣議決定、平成29年12月22日）一部抜粋

六　納税環境整備

1　申告手続の電子化促進のための環境整備

（国　税）

（1）法人税等の申告書の電子情報処理組織による提出義務の創設（再掲）

① 　大法人の法人税及び地方法人税の確定申告書、中間申告書及び修正申告書の提出については、これらの申告書に記載すべきものとされる事項を電子情報処理組織を使用する方法（e-Tax）により提供しなければならないこととする。

（注）上記の「大法人」とは、内国法人のうち事業年度開始の時において資本金の額又は出資金の額が1億円を超える法人並びに相互会社、投資法人及び特定目的会社をいう。

② 　上記①の大法人の上記①の申告書の添付書類の提出については、当該添付書類に記載すべきものとされ、若しくは記載されている事項を電子情報処理組織を使用する方法又は当該事項を記録した光ディスク等を提出する方法により提供しなければならないこととする。

③ 　上記①の大法人が、電気通信回線の故障、災害その他の理由により電子情報処理組織を使用することが困難であると認められる場合において、書面により申告書を提出することができると認められるときは、納税地の所轄税務署長の承認を受けて、上記①の申告書及び上記②の添付書類を書面により提出できることとする。

（2）消費税の申告書の電子情報処理組織による提出義務の創設（再掲）

① 　大法人の消費税の確定申告書、中間申告書、修正申告書及び還付申告書の提出については、これらの申告書に記載すべきものとされる事項を電子情報処理組織を使用する方法により提供しなければならないこととする。

（注）上記の「大法人」とは、内国法人のうち事業年度開始の時において資本金の額又は出資金等の額が1億円を超える法人並びに相互会社、投資法人、特定目的会社、国及び地方公共団体をいう。

② 上記①の大法人の上記①の申告書の添付書類の提出については、当該添付書類に記載すべきものとされ、又は記載されている事項を電子情報処理組織を使用する方法により提供しなければならないこととする。

③ 上記①の大法人が、電気通信回線の故障、災害その他の理由により電子情報処理組織を使用することが困難であると認められる場合において、書面により申告書を提出することができると認められるときは、納税地の所轄税務署長の承認を受けて、上記①の申告書及び上記②の添付書類を書面により提出できることとする。

(注1) 上記（1）の改正は、平成32年4月1日以後に開始する事業年度について、上記（2）の改正は、同日以後に開始する課税期間について、それぞれ適用する。

(注2) 上記（1）③及び（2）③以外の理由により電子申告がなされない場合には無申告として取り扱うこととする。

　　　　ただし、現在の運用上の取扱いを踏まえ、期限内に申告書の主要な部分が電子的に提出されていれば無申告加算税は課さない取扱いとする。申告書の主要な部分以外の書類の電子提出の確保策については、施行後の電子的な提出状況等を踏まえ、そのあり方を検討する。

(3) その他電子化促進のための環境整備

① 法人税の次の制度の適用を受ける場合に確定申告書等に添付することとされている第三者作成書類については、添付することに代えて保存することにより次の制度の適用を認めることとする。（再掲）

イ　収用等に伴い代替資産を取得した場合の課税の特例

ロ　収用等に伴い特別勘定を設けた場合の課税の特例

ハ　換地処分等に伴い資産を取得した場合の課税の特例

ニ　収用換地等の場合の所得の5,000万円特別控除

ホ　特定土地区画整理事業等のために土地等を譲渡した場合の所得の2,000万円特別控除

ヘ　特定住宅地造成事業等のために土地等を譲渡した場合の所得の1,500万円特別控除

② 電子情報処理組織による申請等と併せてスキャナ等により作成して電磁的記録（いわゆる「イメージデータ」）を送信する添付書面等について、一定の解像度及び階調の要件を付した上で、税務署長による当該添付書面等の提

示等を求める措置を廃止することとする。

③　法人（上記（1）①の大法人を除く。）の法人税及び地方法人税の確定申告書、中間申告書及び修正申告書の添付書類の提出については、当該添付書類に記載すべきものとされ、又は記載されている事項を記録した光ディスク等を提出する方法により提供することができることとする。

　（注）上記の改正は、平成32年4月1日から施行する。

④　連結子法人の個別帰属額等の届出について、次の見直しを行う。（再掲）

　イ　連結親法人が連結子法人の個別帰属額等を電子情報処理組織を使用する方法又は当該個別帰属額等を記録した光ディスク等を提出する方法により当該連結親法人の納税地の所轄税務署長に提供した場合には、連結子法人が当該個別帰属額等を記載した書類を当該連結子法人の本店等の所轄税務署長に提出したものとみなす。

　（注）上記の改正は、平成32年4月1日以後に終了する連結事業年度について適用する。

　ロ　更正の場合の個別帰属額等の異動の届出を不要とする。

　（注）上記の改正は、平成32年4月1日以後の個別帰属額等の異動について適用する。

⑤　次の書類について、連結子法人となる法人又は連結子法人による提出を不要とする。（再掲）

　イ　連結納税の承認の申請書を提出した旨の届出書

　ロ　完全支配関係を有することとなった旨を記載した書類

　ハ　連結完全支配関係等を有しなくなった旨を記載した書類

　（注）上記の改正は、平成31年4月1日以後に生じた事実について適用する。

⑥　法人税、地方法人税及び復興特別法人税の申告書における代表者及び経理責任者等の自署押印制度を廃止する。（再掲）

⑦　電子情報処理組織により法人が行う申請等について、当該法人の代表者から委任を受けた者（当該法人の役員及び職員に限る。）の電子署名及びその電子署名に係る電子証明書を送信する場合には、当該代表者の電子署名及び電子証明書の送信を要しないこととする。

⑧　その他法人税及び地方法人税の申告手続について、別表（明細記載を要する部分に限る。）、財務諸表及び勘定科目内訳明細書に係るデータ形式の柔軟化、勘定科目内訳明細書の記載内容の簡素化等を図ることと合わせ、電子情

報処理組織の送信容量の拡大など運用上の対応を行うこととするほか、所要の措置を講ずる。

（地方税）

(1) 法人住民税及び法人事業税の申告書の電子情報処理組織による提出義務の創設（再掲）

① 大法人の法人住民税及び法人事業税の確定申告書、中間申告書及び修正申告書の提出については、これらの申告書に記載すべきものとされる事項を電子情報処理組織を使用する方法（eLTAX）により提供しなければならないこととする。

（注）上記の「大法人」とは、内国法人のうち事業年度開始の時において資本金の額又は出資金の額が1億円を超える法人並びに相互会社、投資法人及び特定目的会社をいう。

② 上記①の大法人の上記①の申告書の添付書類の提出については、当該添付書類に記載すべきものとされ、又は記載されている事項を電子情報処理組織を使用する方法により提供しなければならないこととする。

（注1）上記の改正は、平成32年4月1日以後に開始する事業年度について適用する。

（注2）電子申告がなされない場合には不申告として取り扱うこととする。

（備考）上記①の大法人の上記②の添付書類の提出方法の柔軟化及び電気通信回線の故障、災害その他の理由により電子情報処理組織を使用することが困難であると認められる場合の宥恕措置について、国税における措置等を踏まえ、検討する。

(2) 消費税の申告書の電子情報処理組織による提出義務の創設に伴い、地方消費税について所要の措置を講ずる。（再掲）

（注）上記の改正は、平成32年4月1日以後に開始する課税期間について適用する。

(3) その他電子化促進のための環境整備

① 外形標準課税対象法人又は収入金額課税法人が法人税の確定申告書又は中間申告書の提出を電子情報処理組織（e-Tax）を使用して行い、かつ、これらの申告書に貸借対照表及び損益計算書の添付がある場合には、法人事業税の確定申告又は中間申告において、これらの書類の添付があったものとみなすこととする。（再掲）

（注）上記の改正は、平成32年4月1日から施行する。

② 法人事業税、地方法人特別税及び鉱産税の申告書における代表者及び経理責任者等の自署押印制度を廃止する。

③ 電子情報処理組織（eLTAX）により法人が行う申請等について、当該法人の代表者から委任を受けた者（当該法人の役員及び職員に限る。）の電子署名及びその電子署名に係る電子証明書を送信する場合には、当該代表者の電子署名及び電子証明書の送信を要しないこととする。

④ その他所要の措置を講ずる。

（備考）法人（上記（1）①の大法人を除く。）の法人住民税及び法人事業税の確定申告書、中間申告書及び修正申告書の添付書類の提出方法の柔軟化について、国税における措置等を踏まえ、検討する。

2　年末調整手続の電子化（再掲）

（国　税）

生命保険料控除、地震保険料控除及び住宅借入金等を有する場合の所得税額の特別控除に係る年末調整手続について、次の措置を講ずる。

（1）給与等の支払を受ける者で年末調整の際に生命保険料控除又は地震保険料控除の適用を受けようとするものは、給与所得者の保険料控除申告書に記載すべき事項を電磁的方法により提供する場合には、控除証明書の書面による提出又は提示に代えて、当該控除証明書に記載すべき事項が記録された情報で当該控除証明書の発行者の電子署名及びその電子署名に係る電子証明書が付されたものを、当該申告書に記載すべき事項と併せて電磁的方法により提供することができることとする。この場合において、当該給与等の支払を受ける者は、当該控除証明書を提出し、又は提示したものとみなす。

（注）上記の改正は、平成32年10月1日以後に提出する給与所得者の保険料控除申告書について適用する。

（2）給与等の支払を受ける者で年末調整の際に住宅借入金等を有する場合の所得税額の特別控除（以下「住宅ローン控除」という。）の適用を受けようとするものは、税務署長の承認を受けている給与等の支払者に対し、給与所得者の住宅借入金等を有する場合の所得税額の特別控除申告書（以下「住宅ローン控除申告書」という。）の書面による提出に代えて、当該住宅ローン控除申告書に記載すべき事項を電磁的方法により提供することができることとする。この場合において、当該給与等の支払を受ける者は、当該住宅ローン控除申告書を提

出したものとみなす。

（注）上記の改正は、税務署長の承認を受けている給与等の支払をする者に対し、平成 32 年 10 月 1 日以後に提出する住宅ローン控除申告書について適用する。

(3) 給与等の支払を受ける者で年末調整の際に住宅ローン控除の適用を受けようとするもの（居住年が平成 31 年以後である者に限る。）は、住宅ローン控除申告書に記載すべき事項を電磁的方法により提供する場合には、住宅借入金等を有する場合の所得税額の特別控除証明書（以下「住宅ローン控除証明書」という。）又は住宅取得資金に係る借入金の年末残高証明書（以下「年末残高証明書」という。）の書面による提出に代えて、当該住宅ローン控除証明書又は年末残高証明書に記載すべき事項が記録された情報で当該住宅ローン控除証明書又は年末残高証明書の発行者の電子署名及びその電子署名に係る電子証明書が付されたものを、当該住宅ローン控除申告書に記載すべき事項と併せて電磁的方法により提供することができることとする。この場合において、当該給与等の支払を受ける者は、当該住宅ローン控除証明書又は年末残高証明書を提出したものとみなす。

（注）上記の改正は、平成 32 年 10 月 1 日以後に提出する住宅ローン控除申告書について適用する。

(4) 上記（2）及び（3）の改正に伴い、年末残高証明書に記載すべき事項の電磁的方法による交付を可能とする等の所要の措置を講ずる。

（注）上記の改正は、平成 32 年 10 月 1 日以後に交付する年末残高証明書について適用する。

(5) 住宅ローン控除の適用を受ける際に住宅ローン控除申告書等に添付すべき住宅ローン控除証明書又は年末残高証明書の範囲に、当該住宅ローン控除証明書又は年末残高証明書の発行者から電磁的方法により提供を受けた当該住宅ローン控除証明書又は年末残高証明書に記載すべき事項が記録された電磁的記録を一定の方法により印刷した書面で、真正性を担保するための所要の措置が講じられているものとして国税庁長官が定めるものを加える。

（注）上記の改正は、平成 32 年 10 月 1 日以後に提出する住宅ローン控除申告書等について適用する。

（地方税）

個人住民税について、生命保険料控除、地震保険料控除及び住宅借入金等を有する場合の所得税額の特別控除に係る年末調整手続の電子化に関する国税の取扱

いに準じて所要の措置を講ずる。

　（注）　上記の改正は、平成33年度分以後の個人住民税について適用する。

3　共通電子納税システム（共同収納）の導入

　　一定の地方税について、納税義務者等がeLTAX（地方税のオンライン手続のためのシステム）の運営主体が運営する共通電子納税システムを利用して納付又は納入を行う場合、その収納の事務については、eLTAXの運営主体及び金融機関に行わせるものとし、これらの税は金融機関からeLTAXの運営主体を経由して地方公共団体に払い込まれるものとする。

（注1）　対象税目は、平成31年10月1日時点においては、個人住民税（給与所得又は退職所得に係る特別徴収分）、法人住民税、法人事業税及び事業所税（これらの税と併せて納付又は納入することとされている税を含む。）とし、実務上対応が可能となった段階で順次、税目の拡大を措置する。

（注2）　上記の改正は、平成31年10月1日から適用する。

4　eLTAXの安全かつ安定的な運営のための措置

eLTAXの運営主体について、次の措置を講ずる。

　（1）　総務大臣の監督権限

　　　総務大臣は、eLTAXの運営主体に対し、地方税法及び定款に違反するおそれがある場合の報告・立入検査及び違法行為等の是正の要求並びにeLTAXの運営主体による適正な事務の実施のための命令及び報告・立入検査等を行うことができることとする。

　（2）　安全確保措置

　　　eLTAXの運営主体の役職員に対する秘密保持義務、義務に違反した場合の罰則、役職員を刑法その他の罰則の適用について公務員とみなす規定等の所要の措置を講ずる。

　（3）　eLTAXの運営主体である一般社団法人地方税電子化協議会を、次のとおり、地方税法に設置根拠・組織運営が規定される法人（地方税共同機構（仮称））（以下「機構」という。）とする。

　　　①　設立の手続

　　　　都道府県知事、市長又は町村長の全国的連合組織（以下「地方三団体」という。）が選任する設立委員が、総務大臣の認可を得て、平成31年4月1日に機構を設立する。

　　　　これに伴い、一般社団法人地方税電子化協議会を廃止し、その権利義務は

機構が承継するものとする。

② 組織

イ 機構に、代表者会議を置き、地方三団体が選任する都道府県知事、市長又は町村長及び地方三団体が選任する学識経験者をもって組織し、議長は委員の互選とする。

ロ 定款の変更、業務方法書、予算及び事業計画等については、代表者会議の議決を経なければならないものとする。また、代表者会議は、機構の業務の適正な運営を確保するため必要があると認めるときは、理事長に対し、機構の業務並びに資産及び債務の状況に関し報告させ、役職員の行為が地方税法、他の法令又は定款に違反するおそれがあると認めるときは、理事長に対し、当該行為の是正のため必要な措置を講ずることを命ずることができるものとする。

ハ 機構に、役員として、理事長及び監事を置く。また、定款の定めにより、理事又は副理事長を置くことができるものとする。

ニ 理事長及び監事は、代表者会議が任命し、理事又は副理事長は、理事長が代表者会議の同意を得て任命するものとする。また、代表者会議又は理事長は、それぞれその任命に係る役員が欠格事項のいずれかに該当するときは、その役員を解任しなければならないこととする。

ホ 機構の職員は、理事長が任命するものとする。

ヘ 機構は、共同収納、eLTAX の設置・管理等に関する事務（以下「税務情報等処理事務」という。）を行うほか、地方税に関する地方公共団体への支援等（調査研究・広報・職員向け研修等）を行うものとする。

ト 機構は、業務方法書を作成し、総務大臣に届け出るとともに、その業務方法書を公表するものとする。

チ 機構に、運営審議会を置き、委員は、学識経験者のうちから、代表者会議が任命することとし、理事長は、業務方法書、予算及び事業計画の作成又は変更等について、運営審議会の意見を聴くとともに、代表者会議の議決を求めるときは、その意見を報告しなければならないこととする。また、運営審議会は、機構の業務について、理事長の諮問に応じ、又は自ら建議を行い、当該建議のため必要と認めるときは、理事長に対し報告を求めることができることとし、理事長は、運営審議会が述べた意見を尊重しなければならないものとする。

リ　機構に、税務情報保護委員会を置き、委員は、学識経験者のうちから、理事長が任命することとし、税務情報の保護に関する事項を調査審議し、及びこれに関し必要と認める意見を理事長に述べることができることとする。

ヌ　機構の運営に要する費用は、地方公共団体が負担することとする。

③　その他

イ　税務情報等処理事務について機構の成立に伴う所要の規定を整備する。

ロ　その他所要の措置を講ずる。

（注）上記の改正は、(3)①を除き、平成31年4月1日から適用する。

5　その他

（国　税）

(1) 国税のコンビニ納付について、自宅等において納付に必要な情報（いわゆる「QRコード」）を出力することにより行うことができることとする。

（注）上記の改正は、平成31年1月4日以後に納付の委託を行う国税について適用する。

(2) 国税の予納制度について、対象となる国税を概ね12月（現行：6月）以内において納付すべき税額の確定することが確実であると認められる国税に拡充し、併せて、ダイレクト納付により行うことができることとする。

（注）上記の改正は、平成31年1月4日以後に納付手続を行う国税について適用する。

(3) 電子情報処理組織を使用して行うことができる処分通知等について、その範囲に次の処分通知等を加えるほか所要の整備を行う。

①　更正の請求に係る減額更正等の通知

②　住宅ローン控除証明書の交付

③　適格請求書発行事業者の登録に係る通知

（注）上記の改正は、平成32年1月1日以後に行う処分通知等について適用する。

参考資料

- 財務省「第10回投資等ワーキング・グループ 説明資料」平成29年3月13日
- 規制改革推進会議 行政手続部会「行政手続部会取りまとめ～行政手続コストの削減に向けて～」平成29年3月29日
- 財務省「行政手続コスト」削減のための基本計画」平成29年6月30日
- 総務省「行政手続コスト」削減のための基本計画」平成29年6月30日
- 財務省「第11回税制調査会 説明資料」平成29年9月26日
- 国税庁「第11回税制調査会 説明資料」平成29年9月26日
- 財務省「第12回税制調査会 説明資料・参考資料」平成29年10月16日
- 総務省「第12回税制調査会 説明資料」平成29年10月16日
- 内閣府「第16回税制調査会 参考資料」平成29年11月20日
- 「平成30年度税制改正大綱(閣議決定)」平成29年12月22日
- 国税庁「平成28年度におけるe-Taxの利用状況等について」

- TKC全国会中央研修所「平成30年度税制改正研修会」資料
- TKC「TKC電子申告セミナー（2014年6月）」資料
- TKC「戦略経営者」2014年3月号、2015年6月号・8月号

- 国税庁 ホームページ
- e-Tax ホームページ
- eLTAX ホームページ
- TKCグループ ホームページ

■著者略歴

中野 伸也 （なかの しんや）

税理士・公認会計士。中野税理士公認会計士事務所(千葉市緑区)所長。
昭和25年北海道生まれ。昭和55年税理士登録。昭和58年公認会計士登録。
TKC全国会 中堅・大企業支援研究会 副代表幹事
TKC全国会 企業グループ税務システム小委員会 委員
著書『消費税「95％ルール改正」の実務対応』（共著、TKC出版）
　　『「消費税増税」への実務対応』（共著、TKC出版）

妙中 茂樹 （たえなか しげき）

税理士・公認会計士。妙中公認会計士事務所(大阪市天王寺区)所長。
昭和36年大阪府生まれ。昭和63年公認会計士登録。平成元年税理士登録。
TKC全国会 中堅・大企業支援研究会 幹事
TKC全国会 企業グループ税務システム小委員会 委員長
著書『図解・業務別　会社の税金実務必携』（共著、清文社）
　　『「消費税増税」への実務対応』（共著、TKC出版）

畑中 孝介 （はたなか たかゆき）

税理士。ビジネス・ブレイン税理士事務所(東京都港区)所長。
昭和49年北海道生まれ。平成13年税理士登録。
TKC全国会 中堅・大企業支援研究会 幹事
TKC全国会 企業グループ税務システム小委員会 委員
著書『「消費税増税」への実務対応』（共著、TKC出版）
　　『平成29年度 すぐわかるよくわかる税制改正のポイント』（共著、TKC出版）ほか

電子申告義務化への実務対応
―シンプルで効率的な電子申告のすすめ方―

2018年3月20日　初版発行	定価（本体2,000円＋税）

著　者	中　野　伸　也
	妙　中　茂　樹
	畑　中　孝　介
発行所	株式会社ＴＫＣ出版
	〒102-0074　東京都千代田区九段南4-8-8
	日本YWCA会館4F　TEL03（3239）0068
装　丁	株式会社グローバル
	ブランディングマネジメント
印　刷	東京ラインプリンタ印刷株式会社

ⒸShinya Nakano, Shigeki Taenaka, Takayuki Hatanaka 2018 Printed in Japan
落丁・乱丁本はお取り替えいたします。
ISBN 978-4-905467-43-4　C2034